Matemáticas para primaria

Cuarto grado

Matemáticas para primaria

Cuarto grado

Javier Rosas Cabal

EMU editores mexicanos unidos, s. a.

Luis González Obregón 5, Col. Centro,
Cuauhtémoc, 06020, D. F. Tels. 55 21 88 70 al 74
Fax: 55 12 85 16
editmusa@prodigy.net.mx
www.editmusa.com.mx

Diseño de portada: Arturo Rojas Vázquez
Formación y corrección: Equipo de producción de
Editores Mexicanos Unidos

Miembro de la Cámara Nacional
de la Industria Editorial. Reg. Núm. 115.

1a edición: Marzo de 2006
5a reimpresión: Enero de 2012

ISBN (titulo) 978-968-15-1447-1
ISBN (colección) 978-968-15-0801-2

ISBN 978-968-15-1447-1
9 789681 514471

Impreso en México
Printed in Mexico

UNIDAD 1

CAMINOS

En el plano, mapa o croquis que aparece a continuación, cada cm de tu regla equivale a 10 m de la realidad. Contesta lo que se te pide.

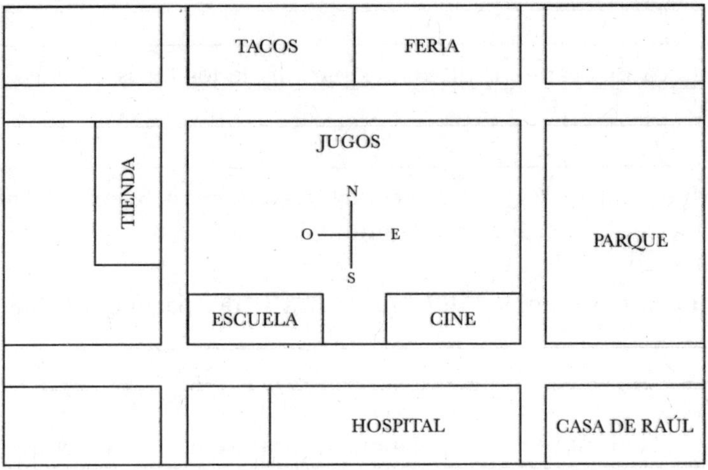

Para ir a la tienda de su papá, Raúl tiene que caminar al oeste y luego al norte.

Busca dos caminos diferentes para ir de la casa de Raúl a la feria. Trázalos en el croquis y anota en las líneas que siguen por donde pasa.

Camino 1. ______________________________

Camino 2. ______________________________

Mide con tu regla y determina ¿cuántos cm camina Raúl para ir a la feria por cada camino que indicaste?, y a ¿cuántos metros equivaldría cada camino?

1. ______________________________
2. ______________________________

Ahora indica dos caminos diferentes para ir de la casa de Raúl al hospital.

1. ______________________________
2. ______________________________

Mide con tu regla y determina ¿cuántos cm camina Raúl para ir al hospital por cada camino que indicaste?, y a ¿cuántos metros equivaldría cada camino?

1. ______________________________
2. ______________________________

Indica dos caminos diferentes para ir de los tacos al cine.

1. ______________________________
2. ______________________________

Mide con tu regla y determina ¿cuántos cm recorre Raúl de los tacos al cine por cada camino que indicaste?, y a ¿cuántos metros equivaldría cada camino?

Indica dos caminos diferentes para ir del parque a la tienda.

____

____

Mide con tu regla y determina ¿cuántos cm se recorren para ir del parque a la tienda por cada camino que indicaste?, y a ¿cuántos metros equivaldría cada camino?

____

____

Si un cm equivale a 10 m, entonces 2 cm equivalen a 20 m, 3 cm equivalen a 30 m, 4 cm equivalen a 40 m, 5 cm equivalen a 50 m, etcétera.

VALOR RELATIVO Y ABSOLUTO

Recordemos un poco cómo se leen los números por la posición que guardan dentro de una cantidad o simplemente por su valor.

Primero recordarás que los números ARÁBIGOS (que son los que usamos), se llaman así, porque fueron los árabes los que adoptaron esta numeración, 'probablemente de los hindúes' posteriormente los difundieron en España y después por el mundo completo.

Se le llama numeración decimal, porque se basa en el 10. La numeración basada, en el número diez consta, de 10 dígitos, que son el 1, 2, 3, 4, 5, 6, 7, 8, 9, 0. Con estas cifras se forman todos las números que conoces y conocerás en el futuro.

El sistema de numeración decimal es posicional, o sea, el valor de los números depende de la posición que tengan en una cantidad.

Las primeras 3 posiciones son las unidades, decenas y centenas simples, las siguientes 3 posiciones son las unidades, decenas y centenas de millar.

Y por el orden de derecha a izquierda son:

Primer orden, unidades simples.-	Segundo orden, decenas.
Tercer orden, centenas.	Cuarto orden, unidades de millar.
Quinto orden, decenas de millar.	Sexto orden, centenas de millar.

Observa:

El número **234 678** se lee así:

Doscientos treinta y cuatro mil seiscientos setenta y ocho.

Escribe y lee en voz alta lo siguientes números:

56 789 ____________________________________

98 456 ____________________________________

45 879 ______________________________

87 123 ______________________________

Ahora escribe con cifras las siguientes cantidades:

Dos mil ochocientos noventa y seis: ______________

Veintinueve mil cuatrocientos treinta y dos. __________

Tres mil doscientos sesenta y siete.______________

Treinta y dos mil setecientos dos. ______________

Veamos ahora el **valor relativo** y **valor absoluto** de las números.

Observa la notación desarrollada de los siguientes números.

54 982 = 50000+4000+900+80+2

4897=4000+800+90+7

El valor absoluto de un número es lo que vale como cifra simple, y el valor relativo es el que tiene por su posición en la cifra. Veamos, en la cifra 54 982 tenemos los siguientes valores:

Número	Valor absoluto	Valor relativo
5	5	50 000
4	4	4 000
9	9	900
8	8	80
2	2	2

Ahora tú analiza la cifra 4 897.

Número	Valor absoluto	Valor relativo
4		
8		
9		
7		

En el número 6<u>5</u> 912, el valor absoluto de la cifra subrayada es 5 y el valor relativo es 5 000:

Anota el valor absoluto y relativo del número subrayado.

Número	Valor absoluto	Valor relativo
4$\underline{6}$78		
83$\underline{4}$5		
$\underline{9}$923		
7$\underline{7}$89		

Observa la notación desarrollada de la siguiente cantidad:

654 783 = 600 000 + 50 000 + 4 000 + 700 + 80 + 3

Centenas de millar		Decenas de millar		Unidades de millar		Centenas		Decenas		Unidades simples
6	+	5	+	4	+	7	+	8	+	3

Haz lo mismo con el número 23 579.

23 579=

Compras

En una tienda venden las manzanas de dos maneras: por kilo y por montón.

El kilogramo de manzanas cuesta $4 y el montón de 4 manzanas cuesta $3. Si cada kilo tiene 5 manzanas, ¿qué es mejor, comprar el kilo o el montón?

Completa las siguientes tablas.

Montones	1	2	3	4	5	6	7	8	9	10
Número de manzanas	4	8								
Precio	$3	$6								

Kilogramos	1	2	3	4	5	6	7	8	9	10
Número de manzanas	5	10								
Precio	$4	$8								

Observa que aplicamos las tablas de multiplicar del 3 y del 4 para conocer el precio, y las tablas del 4 y 5 para conocer el número de manzanas.

Ahora responde: ¿Cómo comprarías; por kilo o por montón? Si, compras 5 kilos de manzana y 3 montones, ¿cuánto pagarás?

Si la señora de la, tienda te da 20 manzanas, ¿cuánto te cobró?

El que va antes y el que va después

Cualquier número que elijas tiene uno que va antes y uno que va después.

Si al 657 le agregamos 1, tenemos el 658, y si le restamos 1 tenemos el 656.

Al 658 se le llama el sucesor de 657.

Y al 656 se le llama el antecesor de 657.

Observa nuevamente que el sucesor se forma sumando 1 y el antecesor se forma restando 1 al número que conocemos.

Anota el antecesor y el sucesor de los siguientes números.

ANTECESOR	NÚMERO	SUCESOR
65	66	67
	79	
	95	
	117	
	654	
	1743	
	5023	
	19457	

Desarrolla el siguiente juego con algunos compañeros: pongan en una cajita papelitos doblados con números. Cada jugador debe sacar un papelito y decir el antecesor y el sucesor del número que le tocó. Por cada acierto recibe un punto. Por cada 10 puntos que hagas puedes quitarle un punto al jugador que quieras. El juego termina cuando se acaben los papelitos y gana el que tenga más puntos. Hagan muchos papelitos.

La lotería

En las loterías de las ferias o las colonias generalmente se hacen las tómbolas, que son sorteos de productos. Los boletos numerados vienen en talonarios. Observa los números que fueron premiados en la lotería de una feria.

Números premiados

1 165	36 876	3 871	54
5 912	378	289	23
12 678	2 580	1 943	368
367	148	12 556	374
3 753	45 789	354	576

Los boletos se vendieron en talonarios de 100 boletos cada uno.

Observa los boletos premiados y di en qué talonario estaban. Por ejemplo:

El 1 165 estaba en el talonario que contenía los boletos del 1 100 al 1200.

Se puede escribir que el 1 100 < 1 165 < 1200.

El 148 estaba en el talonario que contenía los boletos del _____al_____.

Se puede escribir que el_____<_____<_____.

El 36 876 estaba en el talonario que contenía los boletos del_____al_____.

Se puede escribir que el_____<_____<_____.

El 3 753 estaba en el talonario que contenía los boletos del_____al_____.

Se puede escribir que el_____<_____<_____.

El 23 estaba en el talonario que contenía los boletos del_____al_____.

Se puede escribir que el_____<_____<_____.

Los ordinales

Recuerda que los números ordinales indican el lugar de un elemento en un conjunto ordenado.

En el maratón de la Ciudad de México, se premia a los 20 corredores que llegan primero. Anota los nombres de esos 20 lugares.

1°	PRIMERO	11°	DECIMOPRIMERO
2°	SEGUNDO	12°	
3°		13°	DECIMOTERCERO
4°	CUARTO	14°	
5°		15°	DECIMOQUINTO
6°	SEXTO	16°	
7°	SÉPTIMO	17°	DECIMOSÉPTIMO
8°		18°	DECIMOOCTAVO
9°	NOVENO	19°	
10°	DÉCIMO	20°	VIGÉSIMO

Ahora fíjate en los nombres de los siguientes lugares.

30°	TRIGÉSIMO	70°	SEPTUAGÉSIMO
40°	CUADRAGÉSIMO	80°	OCTAGÉSIMO
50°	QUINCUAGÉSIMO	90°	NONAGÉSIMO
60°	SEXAGÉSIMO	100°	CENTÉSIMO

Anota los nombres de los siguientes números ordinales.

34° ....

43° ....

56° ....

68° ....

77° ....

81° ....

LAS FRACCIONES

Las fracciones indican la cantidad de partes iguales que resultan de dividir un entero y cuántas partes de ésas tomamos.

Recuerda, la fracción tiene las siguientes partes:

Numerador (indica cuántas partes se toman del entero).

Denominador (indica en cuántas partes se divide el entero).

Numerador $\frac{5}{7}$ Indica que se toman 5 partes de las 7
Denominador en que el entero se dividió.

Observa que el dibujo siguiente ha sido dividido en 16 partes iguales. Colorea de azul $\frac{1}{2}$, de rojo $\frac{1}{4}$, de verde $\frac{1}{8}$ y de amarillo $\frac{1}{16}$:

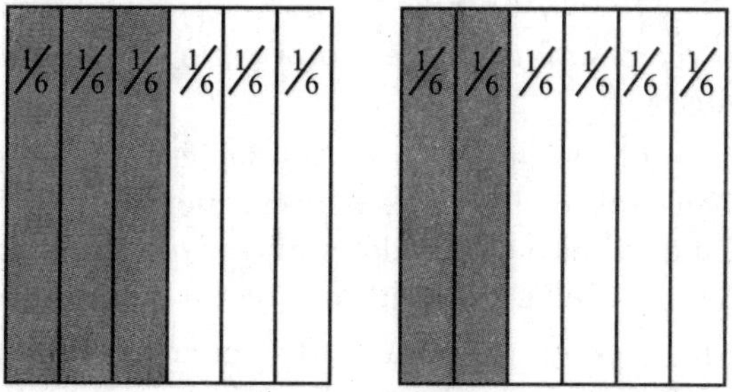

Si dividimos dos enteros iguales en seis partes iguales, tenemos doce sextos = $\frac{12}{6}$

$\frac{3}{6} + \frac{2}{6} = \frac{5}{6}$

Si tomamos $\frac{3}{6}$ de un entero y los sumamos a $\frac{2}{6}$ partes del otro, tendremos $\frac{5}{6}$ partes en total. Suma las siguientes fracciones.

$\frac{3}{5} + \frac{2}{5} =$ $\frac{1}{8} + \frac{3}{8} =$

$\frac{5}{7} + \frac{1}{7} =$

Los ángulos

Ángulo es la medida de la abertura entre dos líneas que se unen en un punto llamado vértice.

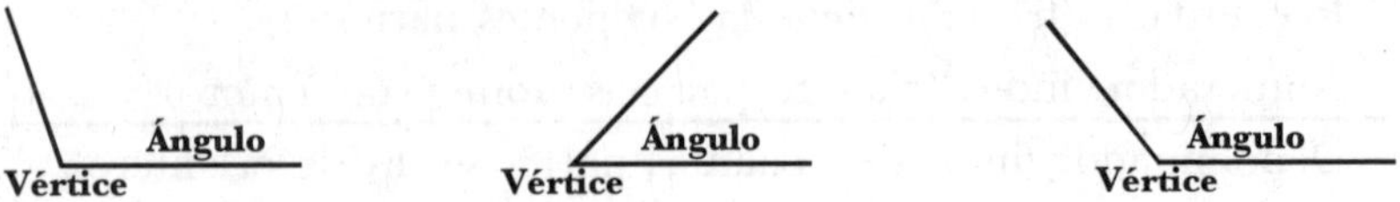

Los ángulos reciben los siguientes nombres, dependiendo de su abertura:

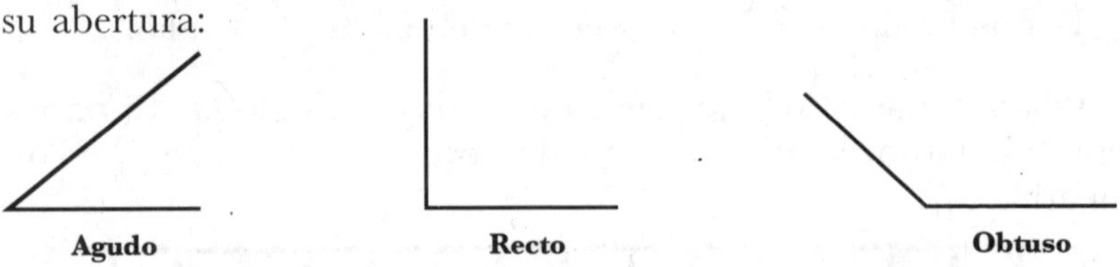

La unidad con la que se miden los ángulos son los grados. Indican cuánto se separan dos líneas.

El ángulo recto se forma cuando la recta gira exactamente un cuarto de vuelta.

El ángulo agudo es aquel en el que la recta gira menos de un cuarto de vuelta sobre el vértice, es decir, menos de 90°. El ángulo obtuso es cuando el giro efectuado es mayor que un cuarto y menor que un medio de vuelta, es decir, más de 90° y menos de 180°.

Clasifica los siguientes ángulos de acuerdo con su abertura. Escribe los nombres en las líneas de abajo.

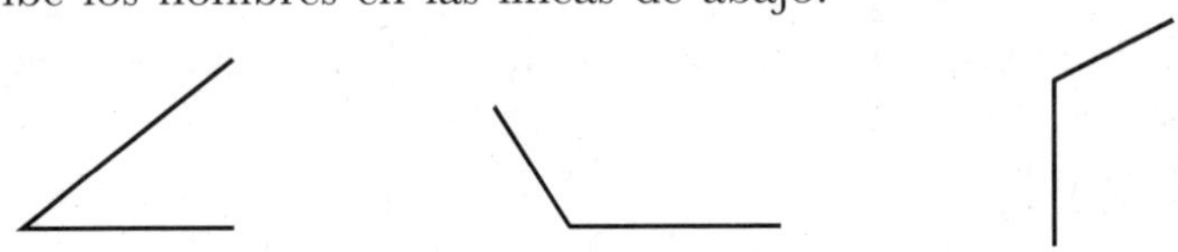

______________ ______________ ______________

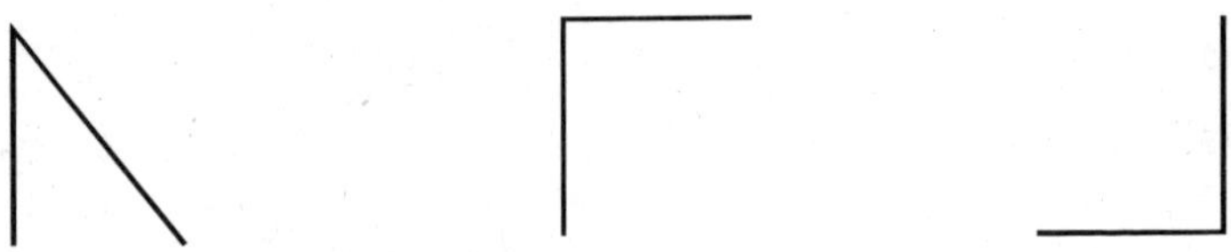

______________ ______________ ______________

OPERACIONES

Sumas: Resuelve y pon el resultado.

134 + 456=	34 + 876=
245 + 324=	987 + 3=
304 + 11=	54 + 87=
423 + 154=	534 + 98=
645 + 98=	786 + 16=
245 + 315=	290 + 765=

Observa que en las siguientes sumas falta uno de los sumandos. Podrás encontrarlo si al resultado le restas el sumando que ya conoces.

134 +	= 786	786 - 134 =
245 +	= 876	876 - 245 =
304 +	= 534	534 - 304 =
423 +	= 765	765 - 423 =
645 +	= 987	987 - 645 =
245 +	= 290	290 - 245 =

Resuelve las divisiones. Utiliza tus tablas de multiplicar.

$2\overline{)90}$ $5\overline{)45}$ $2\overline{)42}$

$6\overline{)36}$ $6\overline{)64}$ $3\overline{)63}$

La encuesta

La encuesta es un cuestionario que se usa para obtener información, la cual tiene muchísimas aplicaciones. Una encuesta debe cubrir los siguientes requisitos:

a) Tener bien claro el objetivo para el que se necesita.

b) Saber con exactitud a quién va dirigida.

c) Las preguntas deben ser muy claras.

d) Las preguntas deben ser hechas para. obtener respuestas breves y claras.

e) Para hacer los análisis correctos debes organizar bien la información.

f) La información de las encuestas debe ser discreta, o sea, no chismosa.

Los cuestionarios para las encuestas están hechos para fines específicos. Veamos un ejemplo.

El objetivo de la siguiente encuesta es: Saber cuántos de los niños de tu escuela pueden jugar fútbol en la categoría de 9 y 10 años de edad. Se hacen las preguntas a muchos niños.

1. Tu nombre ______________________
2. Tu edad y fecha de nacimiento ______________________
3. Nombre de tu papá ______________________
4. Nombre de tu mamá ______________________
5. ¿Te gusta el fútbol? ______________________
6. ¿Alguna vez lo has jugado? Sí __________ No __________
7. Si jugaras, ¿qué posición te gustaría? ______________________
8. Te gusta jugar en... Pasto __________ Tierra __________
9. Juegas con... Tenis __________ Tacos __________

Realiza las preguntas a muchos niños de tu escuela y determina si puedes formar un buen equipo de fútbol con suficientes defensas, delanteros, medios y portero. Organiza la información de la siguiente manera:

¿A cuántos niños les gusta el fútbol? ______________________

¿Cuántos ya han jugado? ______________________________

¿Cuántos niños tienen 9 o 10 años? _______________________

¿Cuántos niños quieren ser?

Porteros _____ Defensas _____ Medios _____ Delanteros _____?

¿A cuántos les gusta jugar en

Pasto __________ Tierra __________?

¿Cuántos juegan con

Tenis __________ Tacos __________?

Elabora una gráfica de barras.

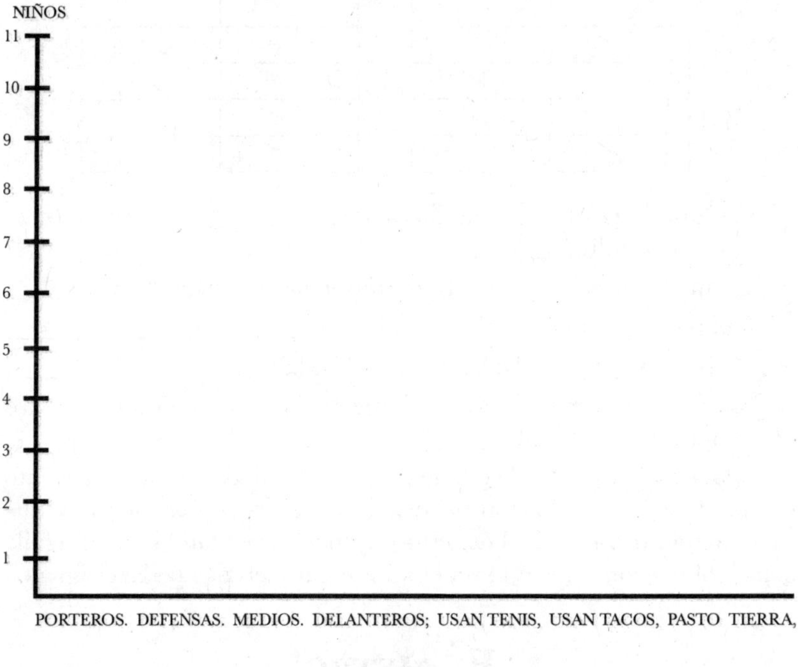

AZAR

El azar es una situación no prevista, resultado de un acontecimiento que no se puede saber.

Lo encontramos en algunos juegos de mesa, como son los dados, las barajas, etcétera.

En otros juegos podemos ver que no existe el azar, como en el ajedrez, las damas, etcétera.

Un ejemplo claro del azar es el lanzamiento de una moneda, puesto que no puedo saber con exactitud qué caerá, si sol o águila. Veamos los siguientes casos.

Dos niños lanzan una moneda y obtienen los siguientes resultados:

JORGE

ÁGUILA	SOL
✓	
	✓
✓	
✓	
	✓
	✓
✓	

JULIO

ÁGUILA	SOL
	✓
	✓
✓	
	✓
	✓
✓	
✓	

¿Cuántas veces le cayó águila a Jorge? _______ ¿Cuántas veces le cayó sol a julio? _______

¿Cuántas veces han lanzado las monedas entre los dos? _______

¿Cuántas veces en total ha caído sol? _________________

¿Cuántas veces en total ha caído águila? ______________

¿Se puede saber si en la siguiente tirada, de cualquiera de los dos, caerá águila o sol? _______

La **probabilidad** es la cantidad de posibilidades de que un evento suceda. Con esta definición puedes decir que la probabilidad de que caiga águila o sol es de 1/2; esto es: puede caer tantas veces águila como sol. Es como cuando un entero se parte en dos pedazos iguales.

El metro

El metro es la unidad de medida de longitud. Pero ¿qué pasa cuando quiero medir objetos que son más pequeños que un metro? Entonces, utilizamos medidas más pequeñas llamadas submúltiplos del metro. Los submúltiplos del metro son: el decímetro, el centímetro y el milímetro, y tienen la siguiente relación:

1 metro = 10 decímetros = 100 centímetros = 1000 milímetros
1 decímetro = 10 centímetros = 100 milímetros
1 centímetro = 10 milímetros

Partamos el metro en fracciones.

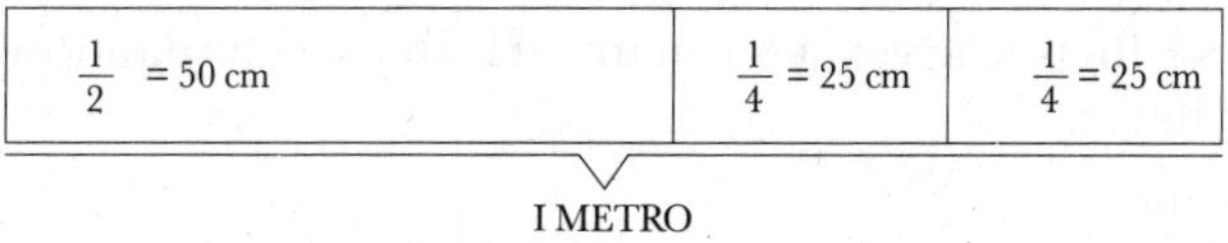

Si un metro tiene 100 cm, dinos...

¿Cuántos cm tiene $\frac{1}{2}$ metro? ________________

¿Cuántos cm tiene $\frac{1}{4}$ de metro? ________________

¿Cuántos cm tienen $\frac{3}{4}$ de metro? ________________

Si tienes 50 cm, ¿a cuánto equivalen en fracciones? __________

Si tienes 25 cm, ¿a cuánto equivalen en fracciones? __________

Si tienes 75 cm, ¿a cuánto equivalen en fracciones? __________

EL TIEMPO

El tiempo es el espacio existente entre dos eventos diferentes. Se mide con horas, minutos y segundos; inclusive con días, semanas, meses, años, etcétera.

El instrumento para medir el tiempo es el reloj. Observa los relojes y dinos la hora que marca cada uno. Recuerda que la manecilla grande indica los minutos, que entre cada número del reloj hay 5 minutos y que al dar la vuelta se completan 60. La manecilla chica o más corta marea las horas y, si se encuentra entre dos números, marca la hora del número anterior.

☐ H ☐ Min ☐ H ☐ Min ☐ H ☐ Min

Observa la siguiente situación.

Marlene salió de su casa a las 9:45 horas y llegó a casa de su hermana Mariana a las 10:00 horas. Platicaron durante 30 minutos. Después se fueron a comprar un helado. Llegaron a la paletería a las 10:45 horas, se tardaron 15 minutos en comprar y después se fueron a ver a su mamá Hortensia, tardándose media hora en llegar.

Contesta.

¿A qué hora se fueron a comprar el helado? _______________

¿Cuánto tiempo se tardó Marlene en llegar con su hermana?

____

¿A qué hora llegaron con su mamá? _______________

¿A qué hora salieron de la paletería? _______________

ÁREAS Y PERÍMETROS

Observa las siguientes figuras y contesta.

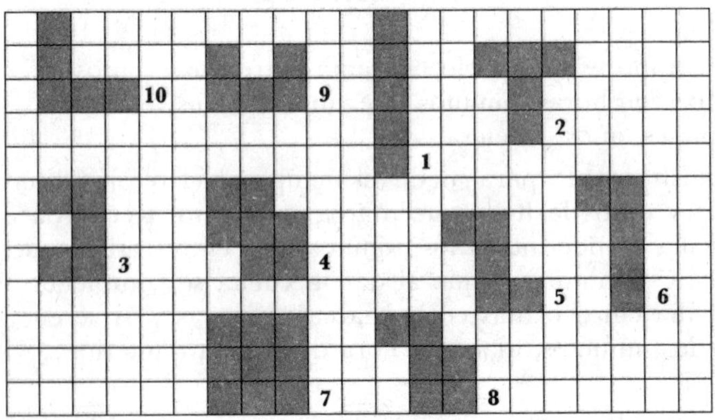

Recuerda que el perímetro es su contorno y su área el número de cuadros que las forman.

Por ejemplo, la figura 1 tiene de perímetro 12 unidades y de área 5 unidades cuadradas.

La figura 2 tiene _______ de perímetro y _______ de área.
La figura 3 tiene _______ de perímetro y _______ de área.
La figura 4 tiene _______ de perímetro y _______ de área.
La figura 5 tiene _______ de perímetro y _______ de área.
La figura 6 tiene _______ de perímetro y _______ de área.
La figura 7 tiene _______ de perímetro y _______ de área.
La figura 8 tiene _______ de perímetro y _______ de área.
La figura 9 tiene _______ de perímetro y _______ de área.
La figura 10 tiene _______ de perímetro y _______ de área.

Puedes ver que hay figuras con el mismo perímetro, pero con diferente área.

UNIDAD 2

PROBLEMAS

Antes de elaborar y resolver los problemas, recordemos:

a) La suma es la unión o reunión de los elementos de dos o más conjuntos de la misma especie, sus partes se llaman sumandos y la unión es el resultado.

```
   45
+        SUMANDOS
   56
 ----
  101    SUMA O RESULTADO
```

b) Resta o diferencia es la operación que determina cuántos elementos se deben quitar de un conjunto para quedarse con cierta cantidad. Sus partes son minuendo, sustraendo y resta o diferencia.

```
   56   MINUENDO
 - 45   SUSTRAENDO
 ----
   11   RESTA O DIFERENCIA
```

c) La multiplicación es la operación que aplica una suma abreviada del mismo número varias veces. Sus partes son multiplicando, multiplicador y producto o resultado.

```
    9   MULTIPLICADO
  x 6   MULTIPLICADOR
 ----
   54   PRODUCTO O RESULTADO
```

d) La división, por ser la operación inversa de la multiplicación, indica la cantidad de veces que un mismo número se puede restar de otro; sin embargo, la mejor definición de la división es la que dice que es la repartición de un conjunto en otro. Sus elementos son dividendo, divisor, cociente y residuo.

```
               7   COCIENTE
           ------------------
DIVISOR  8 | 57   DIVIDENDO
              1   RESUIDO
```

Ahora sí, resolvamos lo siguiente.

1. A Fernando, que quiere realizar un viaje, le dan el siguiente presupuesto.

El pasaje de ida cuesta $35, igual que el de vuelta. Requerirá $80 para sus alimentos, incluyendo el desayuno, la comida y la cena.

Algunos pagos de servicios requerirán $120.

¿Cuánto gastará en total?

Datos **Operación** **Resultado**

2. Si lleva para su viaje $500, ¿cuánto le sobrará?

Datos **Operación** **Resultado**

3. Gastó $80 en la compra de 4 gorras, que costaban lo mismo. ¿Cuánto costó cada gorra?

Datos **Operación** **Resultado**

4. Quiere comprar 5 pelotas para sus amigos. Si cada pelota cuesta $15, ¿cuánto pagará por las 5 pelotas?

Datos **Operación** **Resultado**

6. Si el viaje de ida se realiza en tres partes, una de 50 km, otra de 20 km y una más de 35 km, ¿de cuánto fue el recorrido total del viaje de ida?

Datos **Operación** **Resultado**

7. Si el viaje fue de ida y vuelta, ¿cuántos km recorrió en total?

Datos **Operación** **Resultado**

Si tenemos un divisor de dos cifras, tenemos que tomar en cuenta dos cifras del dividendo.

Primero hay que considerar el 15 y el 18, es decir, determinar cuántas veces cabe el 15 en el 18. Esto se puede hacer con una tabla de 15.

```
      12
15 | 180
      30
       0
```

1 x 15 = 15 y 15 x 2 = 30. Con esto es suficiente porque el 30 se pasa de 18, por lo que utilizaremos el 1 como cociente. Ya que tomamos las dos primeras cifras del dividendo, restamos 18 - 15 = 3. Bajemos el 0 y entonces se forma la cifra 30, que es la que vamos a utilizar ahora, para ver cuántas veces cabe el 15. Cabe dos veces porque 2 x 15 = 30. De nuevo restamos: 30 - 30 = 0, que es el residuo. Finalmente nuestro resultado es 180/15 = 12.

CUADROS

Completa los cuadros en orden ascendente, de 1 en 1 el primero y de 100 en 100 el segundo.

Completa.

Cuadro 1.

11 100				11 104				11 108	
					11 115				11 119
			11 123				11 127		
	11 131					11 136			
11 140									

11 000	11 100						11 700		
		12 200				12 600			
				13 400				13 800	
			14 300		14 500				
						15 600			15 900

Escribe 5 números menores que 11 136 y que estén en el cuadro 1.

________ ________ ________ ________ ________

ÁNGULOS

Los ángulos, que son la medida de la abertura que dos rectas tienen con respecto a un punto fijo llamado vértice, se miden en grados. Su símbolo es °, y para medirlos se utiliza un instrumento que se llama transportador.

Una vuelta completa marca exactamente 360°, 1/2 vuelta serán 180° y 1/4 de vuelta 90°.

El transportador normalmente mide hasta 180°, o sea, media vuelta.

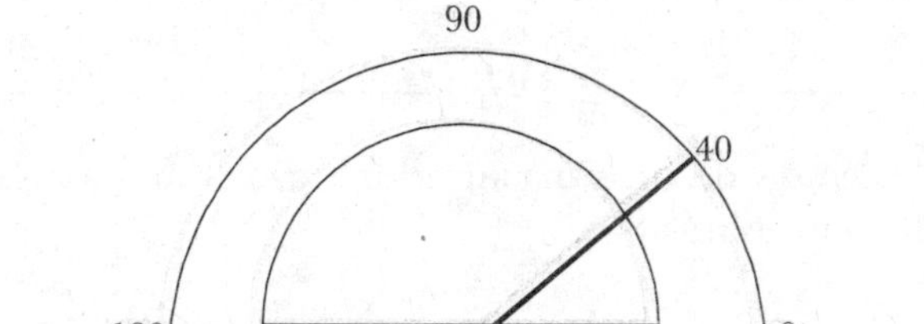

Los ángulos se miden normalmente en contra de las manecillas del reloj; sin embargo, ya que representan la abertura de dos líneas, se podrán medir en otra dirección.

Mide los siguientes ángulos con la ayuda de tu transportador.

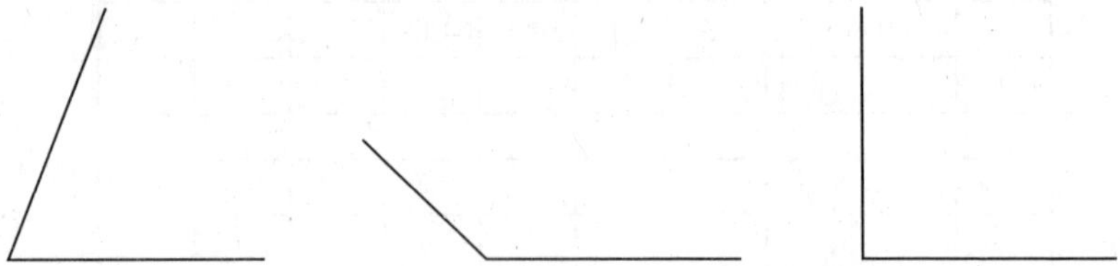

A B C

∢A = ________ ∢B = ________ ∢C = ________

Traza, con la ayuda de tu transportador, ángulos que midan 60°, 45°, 90°.

Los nombres que se les dan a los ángulos dependen de su medida.

Los ángulos que miden menos de 90° o menos de $^1/_4$ de vuelta se llaman agudos.

Los ángulos que miden exactamente 90° o $^1/_4$ de vuelta exactamente se llaman rectos.

Los ángulos que miden más de 90° y menos de 180°, o que están entre $^1/_4$ de vuelta y $^1/_2$ vuelta, se llaman obtusos.

Toma tu transportador y mide los siguientes ángulos. Luego escribe si son agudos, rectos u obtusos.

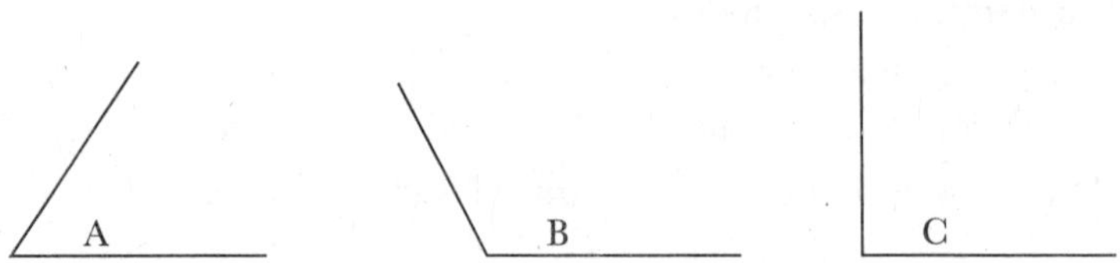

∢A = ________ ∢B = ________ ∢C = ________

Con la ayuda de tu transportador traza 3 ángulos. Uno recto, un agudo y un obtuso.

Ve la siguiente figura y di: cuántos ángulos agudos, cuántos obtusos y cuántos rectos hay.

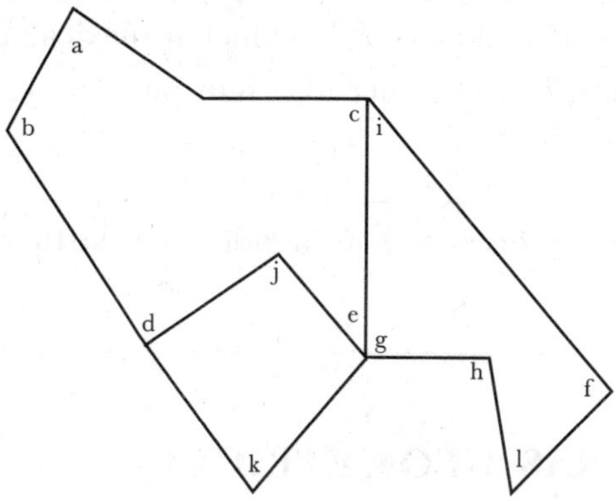

Rectos ________
Agudos ________
Obtusos ________

El tiempo

Analicemos un poco las medidas del tiempo. Sabemos que las medidas temporales más usadas son:

1 milenio = 10 siglos = 100 décadas = 1000 años

1 siglo = 10 décadas = 100 años

1 década = 2 lustros = 10 años

1 lustro = 5 años

1 año = 12 meses = 52 semanas (consideración social) = 365 días

1 mes = 4 semanas (consideración social)= 30 días (consideración social)

1 día = 24 horas

1 hora = 60 minutos = 3 600 segundos

1 minuto = 60 segundos

Puedes observar que algunas medidas tienen la nota (consideración social), esto quiere decir que se establece de esa forma para cuestiones sociales; por ejemplo: 1 año tiene un poco más de 52 semanas, pero para cuestiones sociales se consideran 52 exactamente.

Ahora veamos algunos hechos históricos.

El 15 de septiembre de 1810 se inició la Independencia de México.

El 5 de febrero de 1857 se expidió la Constitución mexicana. El 20 de noviembre de 1910 inició la Revolución mexicana.

Dinos: ¿cuántos años, lustros y décadas han pasado entre la Independencia y la Revolución?

______________ ______________ ______________

¿Cuántos años, lustros y décadas han pasado entre la Independencia y la Constitución?

______________ ______________ ______________

FIGURAS GEOMÉTRICAS

El polígono es un figura limitada al menos por tres lineas rectas, por lo que decimos que el polígono de menos lados es el triángulo: El polígono se dice regular cuando el tamaño de todos sus lados es igual, por lo que el triángulo equilátero es el menor polígono regular.

Las figuras geométricas se clasifican de la siguiente manera:

Triángulos, figuras formadas por tres lados.

Cuadriláteros, figuras formadas por cuatro lados.

Paralelogramos, figuras cuyos lados opuestos son paralelos.

Polígonos regulares. Figuras cuyos lados miden lo mismo y pueden tener muchos lados.

Triángulos

Por sus ángulos:

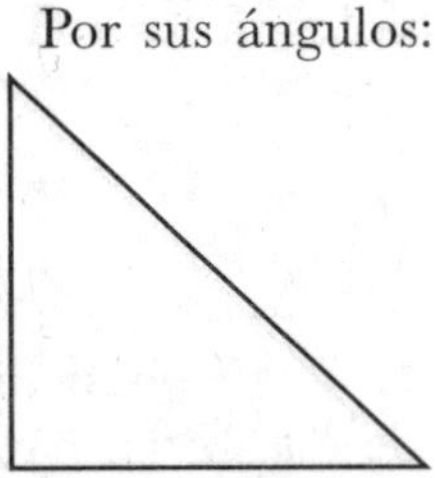

Rectángulo
(Ángulo recto y 2 agudos)

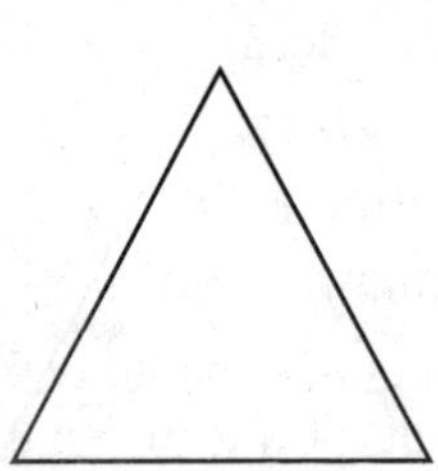

Acutángulo
(Tres ángulos agudos)

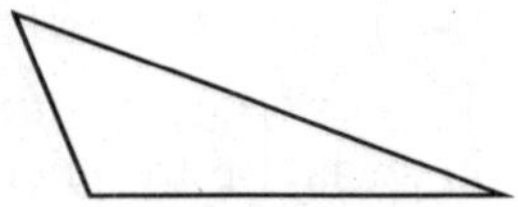

Obtusángulo
(Un ángulo obtuso y dos agudos)

Por sus lados:

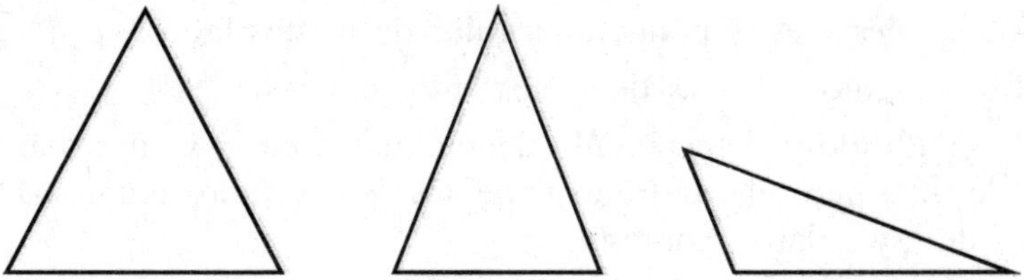

Equilátero (Tres lados iguales) — **Isósceles** (Dos lados iguales y uno de diferente medida) — **Escaleno** (Todos su lados de diferentes medidas)

Cuadriláteros

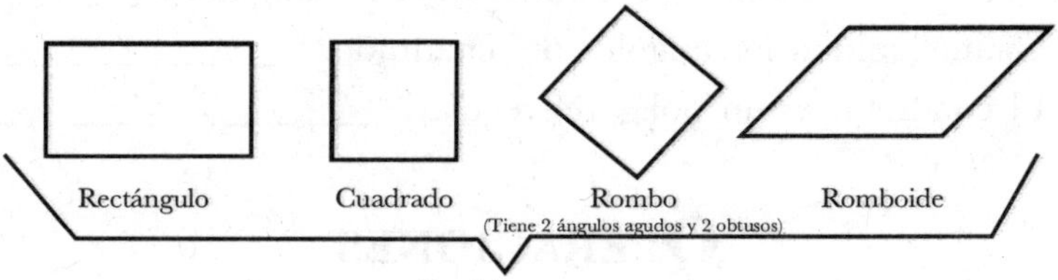

Trapecio — Trapezoide

Polígonos regulares

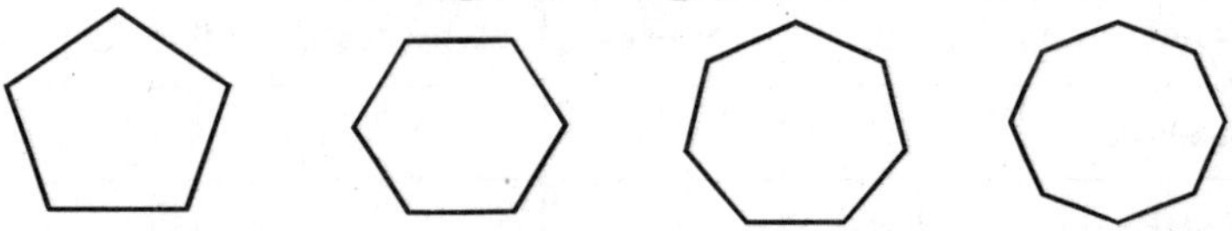

Pentágono — Hexágono — Heptágono — Octágono, etc.

Después de tener esta información, contesta las siguientes preguntas.

¿Cuántos lados tiene un triángulo? ____________________

¿Cuántos lados tiene un cuadrado? ____________________

¿Cuántos lados tiene un pentágono? ____________________

¿Cuántos lados tiene un hexágono? ____________________

El triángulo rectángulo se llama así, porque tiene un ángulo de 90°.

El triángulo equilátero lleva ese nombre, porque tiene sus tres lados iguales y es el polígono regular de menos lados.

El triángulo isósceles tiene dos lados iguales.

El cuadrado y el rectángulo tienen cuatro lados y cuatro ángulos de 90°, pero el cuadrado tiene sus cuatro lados iguales. Después de estos datos, contesta.

¿Cuánto mide uno de los ángulos del triángulo rectángulo?

____

¿Qué triángulo tiene sus tres lados iguales? ______________

¿Qué triángulo tiene dos lados iguales? ________________

¿Cuántos lados tienen el cuadrado y el rectángulo? __________

¿Cuánto miden los ángulos del cuadrado? _______________

¿El cuadrado es un polígono regular? __________________

Operaciones

Algunos compañeros nos platicaron que en vacaciones se ganaron unos pesos haciendo algunos trabajos. Veamos las ganancias de tres días. Utiliza todos los espacios para operaciones.

Nombre	Lunes	Martes	Miércoles	Total
Joaquín	267		65	414
Federico	123	12		189
Alberto	56	76	64	
Julián		134	100	376
Marcos	234		45	313
Luis	143	16		217
Manuel	135	135	135	

¿Cuánto ganó el martes Federico? ____________________

¿Cuánto ganó en total Manuel? ____________________

¿Cuánto ganó Julián el lunes? ____________________

¿Qué diferencia existe entre lo que ganó Marcos y lo que ganó Alberto? ____________________

¿Quién ganó más, Alberto o Luis? ____________________

EL METRO

El metro es la unidad que sirve para medir longitudes, distancias, alturas, anchos, etc., es decir, medidas lineales.

La unidad básica de medida de longitud es el metro (m). Los submúltiplos del metro son muchos. Veamos los más usados.

El decímetro es la décima parte del metro. Si el metro se divide en diez partes iguales, cada una de ellas es un decímetro (dm).

El centímetro es la centésima parte del metro. Si dividimos el metro en 100 partes iguales, cada uno de esos pedazos es un centímetro (cm).

El milímetro es la milésima parte del metro.

Observa la siguiente tabla de equivalencias:

1 km = 1 000 m	1 Hm = 100 m	1 Dam = 10 m
1 dm = 1/10 m	1 cm = 1/100 m	1 mm = 1/1 000 m

1 km = 10 Hm = 100 Dam = 1000 m

1 m = 10 dm = 100 cm = 1 000 mm

Realiza las siguientes conversiones.

1 km =	☐	Dam	1 Dam =	☐
2 km =	☐	Dam	2 Dam =	☐
1 m =	☐	dm	1 m =	☐
2 m =	☐	dm	2 m =	☐
200 cm =	☐	m	3000 mm =	☐
10 dm =	☐	m	2 Hm =	☐

El producto por 10, 100 o 1000

Para realizar operaciones de multiplicación por 10, 100 o 1 000 en forma abreviada, lo que se debe hacer es aumentar tantos ceros como contenga el multiplicador. Observa los ejemplos.

15x10=150 15x100 =1500 15x1 000 =15 000

Lo único que tuvimos que hacer es aumentar el número de ceros que contenía el multiplicador.

Realiza las siguientes multiplicaciones.

32x100= 46x10= 12x 10= 123x 10=

87 x 100 = 89 x 1000= 25 x 1000 = 59 x 100 =

76 x 100 = 64 x 1000=

En el caso de la división, si se cuenta con las características adecuadas, simplemente hay que quitar tantos ceros como los que haya en el divisor. Veamos.

15 000 ÷ 100 = 150 1 200 ÷ 10 = 120

Realiza las siguientes divisiones.

120 ÷ 10= 8900 ÷ 100= 25000 ÷ 1000=
870 ÷ 10= 5 600 ÷ 100 = 45 000 ÷ 1000 =

980 ÷ 10= 10 ÷ 10=

Los tableros

Ejercicios: determina el número por casilla y el número total que representan todas juntas. Ve el ejemplo. Escribe cada cifra dependiendo del número de circulitos y después pon el número total que se representa. Más abajo pon el número con letras.

DECENAS DE MILLAR	UNIDADES DE MILLAR	CENTENAS	DECENAS	UNIDADES
● ● ● ● ●	● ● ● ● ● ● ● ●	● ● ● ● ● ●	● ● ● ●	● ● ●
5	8	6	4	3
	EL NÚMERO ES	58643		

CINCUENTA Y OCHO MIL SEISCIENTOS CUARENTA Y TRES

DECENAS DE MILLAR	UNIDADES DE MILLAR	CENTENAS	DECENAS	UNIDADES
●●●●●●	●●●●●●	●●●●●	●●●●●●	●●●

EL NÚMERO ES ______

DECENAS DE MILLAR	UNIDADES DE MILLAR	CENTENAS	DECENAS	UNIDADES
●●	●●●●●●●●●	●●●	●●●●●●●●	●●●●●

EL NÚMERO ES ______

El perímetro

El perímetro de las figuras geométricas es la longitud de la línea que las rodea; se le llama normalmente contorno. O sea, el perímetro es la longitud del contorno de una figura.

Mide con tu regla el contorno de las siguientes figuras y dinos su perímetro:

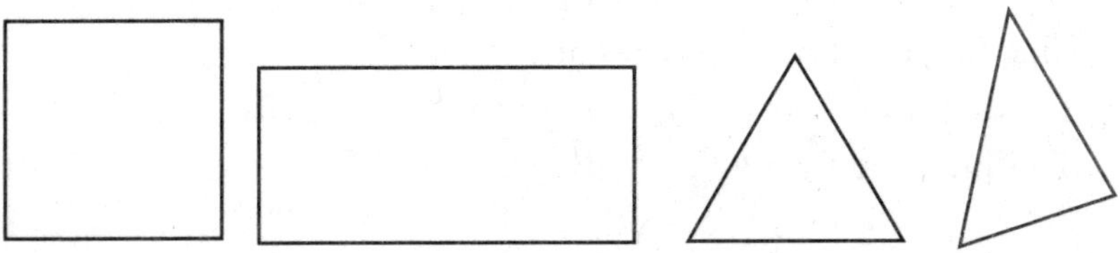

______ ______ ______ ______

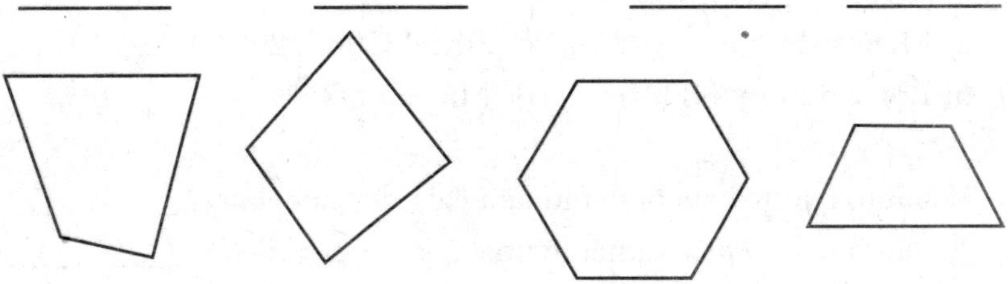

______ ______ ______ ______

Resuelve.

En una tienda encontramos cajas de dulces, de chocolates y caramelos. Observa y haz lo que se te pide.

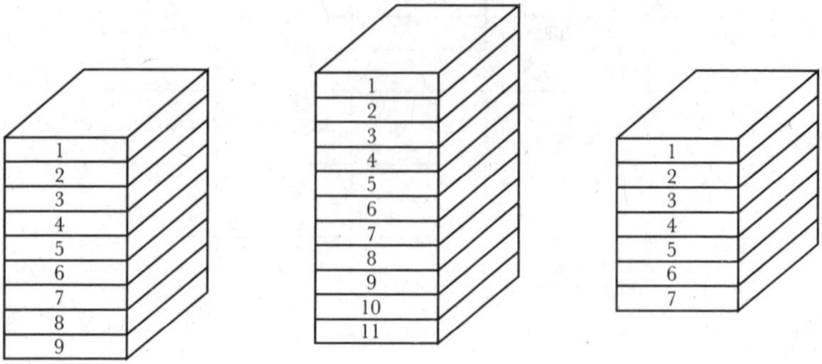

CAJAS DE DULCES
$ 729 TODAS LAS CAJAS

CAJAS DE CHOCOLATES
$ 792 TODAS LAS CAJAS

CAJAS DE CARAMELOS
$ 770 TODAS LAS CAJAS

Subraya la respuesta correcta.

Una caja de dulces cuesta:

a) Menos de $50 c) Entre $50 y $200
b) Entre $200 y $800 d) Más de $800

Una caja de chocolates cuesta:

a) Menos de $50 c) Entre $50 y $200
b) Entre $200 y $800 d) Más de $800

Una caja de caramelos cuesta:

a) Menos de $50 c) Entre $50 y $200
b) Entre $200 y $800 d) Más de $800

¿Cuánto cuesta exactamente una caja de chocolates? _________

¿Cuánto cuesta exactamente una caja de caramelos? _________

Dinos el precio de una caja de dulces. ________________

Croquis

Es un dibujo que se realiza para determinar aproximadamente la forma y localización de cualquier lugar, como puede ser una casa, un terreno, un parque, etcétera.

Observa el croquis de una casa.

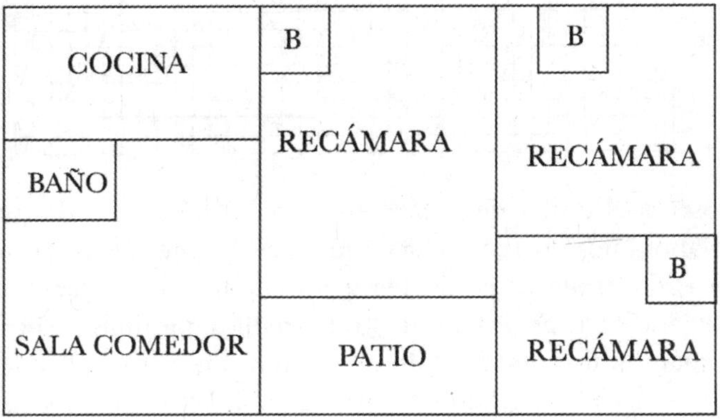

Un plano determina con más precisión los lugares y utiliza medidas:

Los planos están hechos a escala, que es la relación que guardan las distancias en el plano con las distancias reales en el terreno. Nosotros mismos podemos hacer figura a escala simplemente duplicando, triplicando, cuadruplicando, etc., las dimensiones de una figura o viceversa.

Realiza un croquis de tu casa.

Escalas

Ya mencionábamos anteriormente que podemos hacer dibujos a escala.

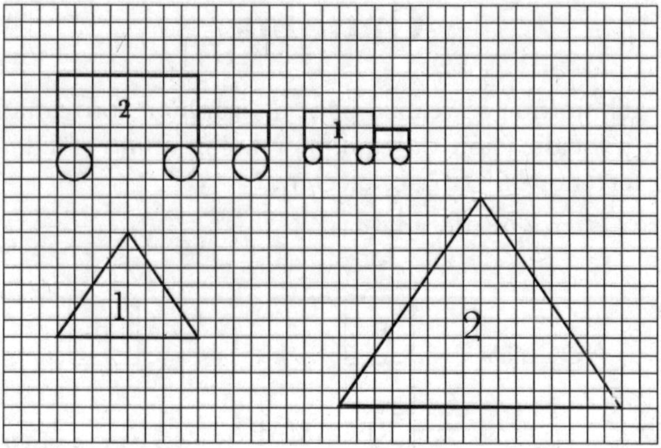

Observa el tráiler de la izquierda con el número 2. Partimos de él y elaboramos otro más chico, que dice 1. Esto quiere decir que 2 cuadros del tráiler 2 equivalen a un cuadro del tráiler 1. Esto se escribe así: 2 : 1. En el caso de los triángulos, partimos del triángulo 1 y llegamos al triángulo 2, lo que significa que 1 cuadro del triángulo 1 equivale a 2 cuadros del triángulo 2. Esto se escribe así: 1 : 2.

Realiza un figura 2 : 1.

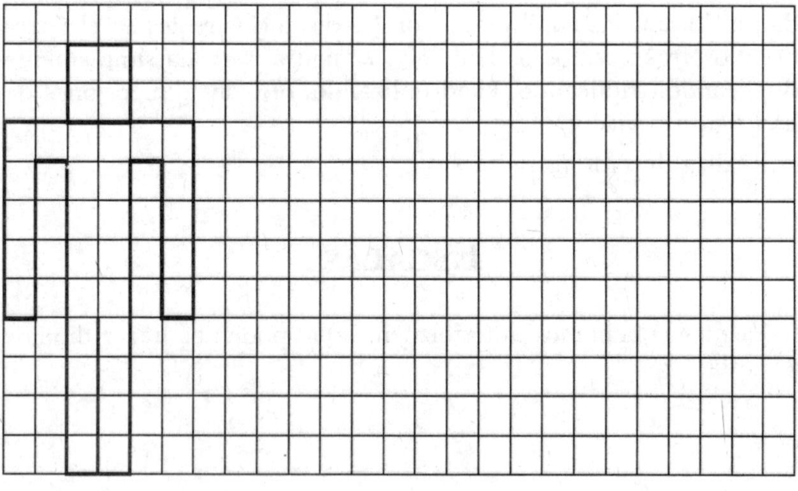

ÁREAS Y PERÍMETROS

Observa las siguientes figuras y determina su área y su perímetro.

Recuerda: el perímetro es el contorno.

El área es el número de cuadritos que forman la figura.

La figura 1 que aparece abajo tiene un perímetro de 24 unidades y un área de 36 unidades cuadradas.

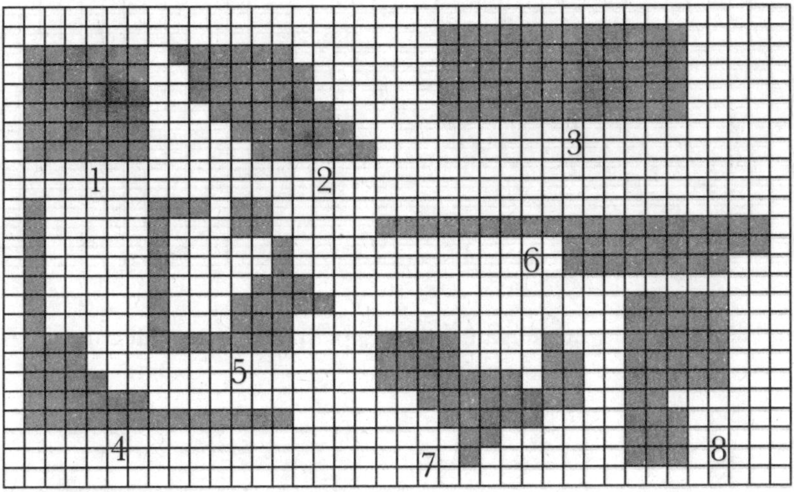

La figura 1 tiene un perímetro de ☐ unidades y un área de ☐ unidades cuadradas.
La figura 2 tiene un perímetro de ☐ unidades y un área de ☐ unidades cuadradas.
La figura 3 tiene un perímetro de ☐ unidades y un área de ☐ unidades cuadradas.
La figura 4 tiene un perímetro de ☐ unidades y un área de ☐ unidades cuadradas.
La figura 5 tiene un perímetro de ☐ unidades y un área de ☐ unidades cuadradas.
La figura 6 tiene un perímetro de ☐ unidades y un área de ☐ unidades cuadradas.
La figura 7 tiene un perímetro de ☐ unidades y un área de ☐ unidades cuadradas.
La figura 8 tiene un perímetro de ☐ unidades y un área de ☐ unidades cuadradas.

¿Cómo son las áreas de las figuras? ¿Cómo son sus perímetros?

Se pueden realizar figuras con diferente perímetro, pero igual área, o igual perímetro, pero distinta área.

Dibuja figuras que tengan la misma área y diferente perímetro.

Dibuja figuras que tengan el mismo perímetro, pero diferente área.

Sólidos

Los sólidos son cuerpos geométricos con tres dimensiones: largo, ancho y espesor, o largo, ancho y altura.

Existen sólidos de una gran variedad de formas. Veamos tres formas clásicas de sólidos.

Los que sólo tienen caras curvas, como la esfera.

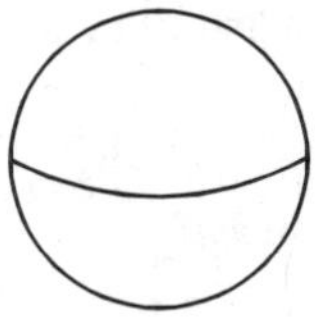

Los que tienen caras curvas y caras planas.

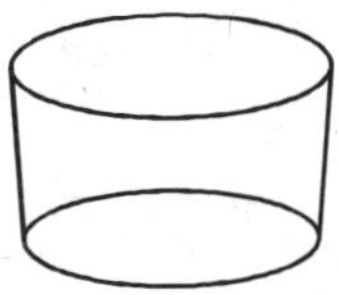

cilindro

cono

Los que tienen solamente caras planas. A

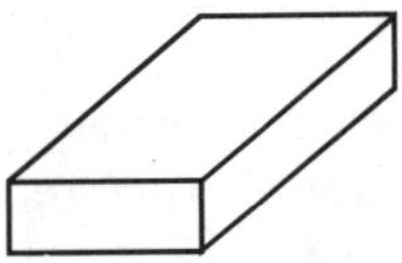

Prisma rectangular

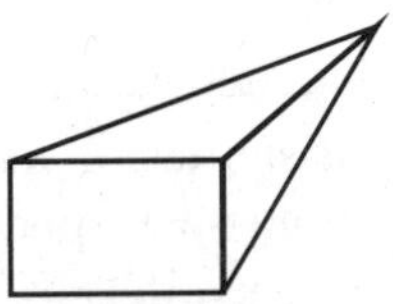

Pirámide cuadrangular

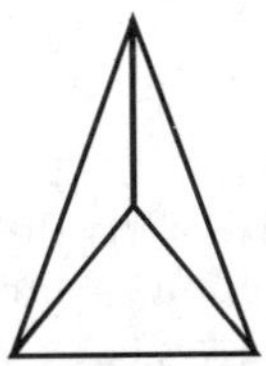

Pirámide triangular

Es mucha la variedad de sólidos o cuerpos geométricos.

Prisma: Cuerpo geométrico que tiene caras planas y está limitado por polígonos paralelos e iguales llamados bases.

Pirámide: Sólido que tiene por base un polígono y muestra caras triangulares que se unen formando un pico.

UNIDAD 3

LOS CONCIERTOS

En la ciudad se dan conciertos musicales con mucha frecuencia. Observa la tabla de asistencia a éstos:

Fecha	Número de asistentes	Fecha	Número de asistentes
15/02/02	26487	17/03/02	39123
19/04/02	43980	23/05/02	53987
02/06/02	65278	05/07/02	72187
19/08/02	12876	24/09/02	57276

Ordena los números de asistentes a los conciertos, de menor a mayor.

□ < □ < □ < □ < □ < □ < □ < □ <

¿En qué fecha asistieron más personas? ____________________

¿Entre cuáles fechas hay una diferencia aproximada de 30 000 personas? __________ y __________

Escribe el número de asistentes de los 4 conciertos a los que fue más gente y enseguida anota su respectivo antecesor y sucesor.

Antecesor	Número	Sucesor

La recta numérica

La recta numérica es una línea en la que se pueden representar números y darles una localización fácilmente. Nos sirve también para la aplicación de algunas operaciones.

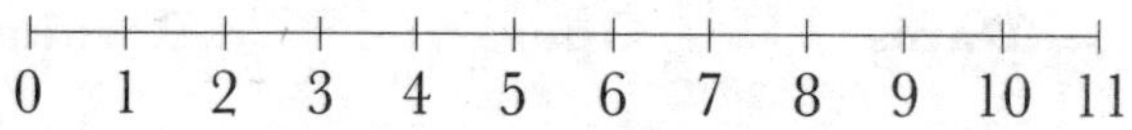

Al conjunto que se forma con los elementos 1, 2, 3, 4, 5, 6, etc., se le llama conjunto de los números naturales.

Observa cómo se aplican las sumas en la recta numérica.

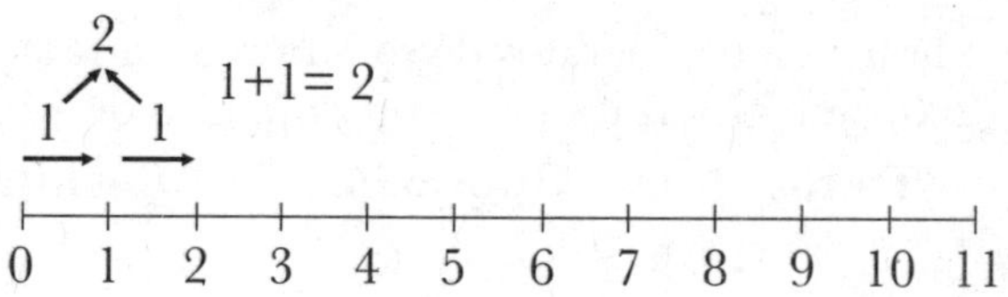

Realiza las siguientes sumas en la recta numérica.

1+2=

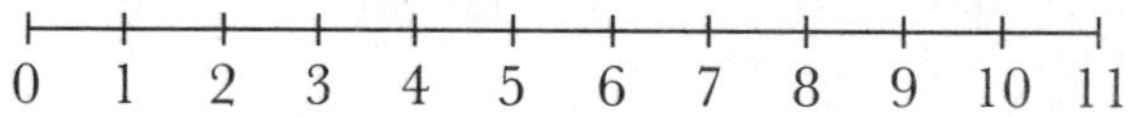

2+3=

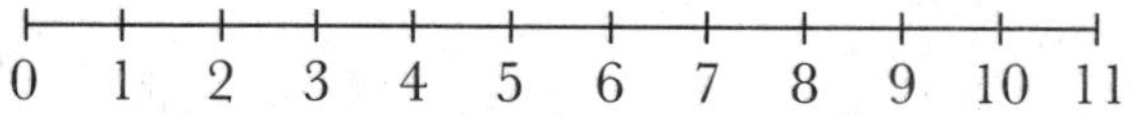

4+5=

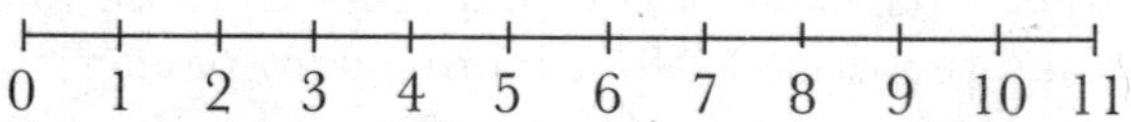

5+6=

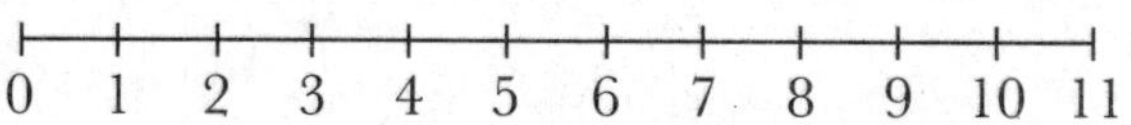

PROBLEMAS DE SUMA Y RESTA

1. Si unos zapatos de hombre cuestan $498 y unos de mujer $367, ¿me alcanza con $950? __________ Si me alcanza, ¿cuánto me sobra? __________

Datos **Operación** **Resultado**

2. Si en la tienda de aparatos de sonido veo un radio de $489 y tengo $1 200, ¿me alcanzará para comprar, otro de $750?_______

Datos **Operación** **Resultado**

3. Si los zapatos del niño cuestan $245, los del papá, $467 y tengo $2 000, ¿cuánto me queda?

Datos **Operación** **Resultado**

4. Compré 3 pares de zapatos para mi suegra. Si cada par cuesta $365 y me regresaron $405, ¿con cuánto pagué?

Datos **Operación** **Resultado**

LAS FRACCIONES EN LA RECTA NUMÉRICA

Observa cómo los círculos se van fraccionando.

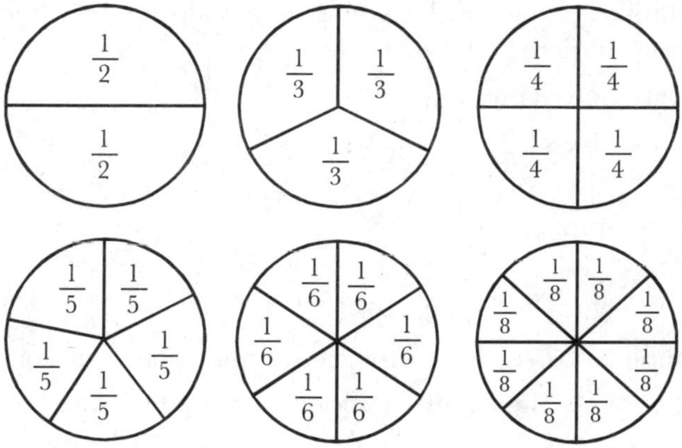

Su representación en la recta numérica se da de la siguiente manera:

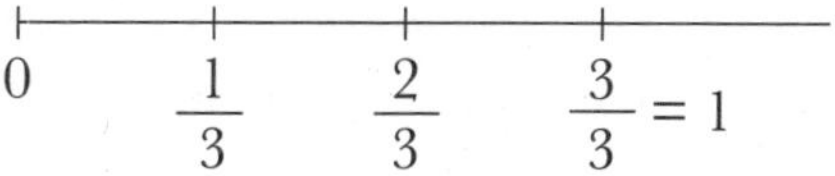

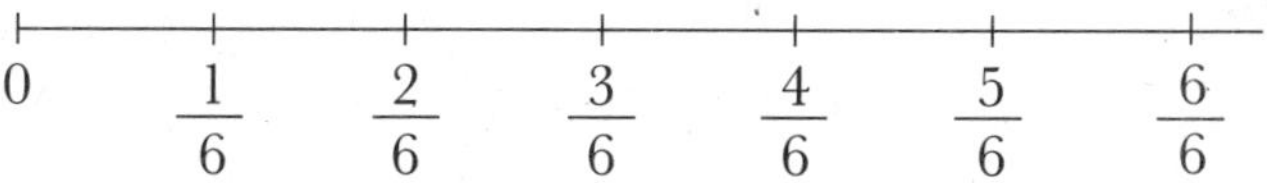

Observa y compara las fracciones.

$\frac{1}{3} = \frac{2}{6}$ Éstas se llaman fracciones equivalentes porque representan la misma parte del entero.

¿Qué otras igualdades se ven? Apúntalas.

Representa en la recta numérica los cuartos.

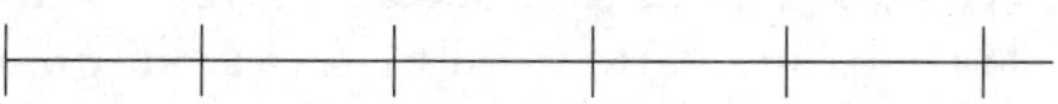

Recuerda que las fracciones nos indican el número de partes que se toman del entero y en cuántas partes se dividió.

$\frac{1}{3}$ Numerador (cuántas partes se toman).
Denominador (en cuantas partes se dividió).

Para encontrar fracciones equivalentes utiliza el siguiente procedimiento.

Multiplica el numerador y el denominador de una fracción por el mismo número natural.

Observa el ejemplo.

$$\frac{1 \times 2}{3 \times 2}=\frac{2}{6} \qquad \frac{1 \times 3}{3 \times 3}=\frac{3}{9} \qquad \frac{1 \times 4}{4 \times 4}=\frac{4}{12}$$

Por lo tanto:

$$\frac{1}{3}, \frac{3}{9} \; \frac{4}{12} \qquad \frac{1}{3}=\frac{3}{9}=\frac{4}{12}$$

Completa las siguientes fracciones para que sean equivalentes.

Indica si las siguientes fracciones son equivalentes. Tacha **sí** o **no** según convenga, y realiza la operación para explicar tu respuesta. Indica qué número se debe multiplicar para llegar al resultado correcto.

$$\frac{2}{5}=\frac{4}{\ } \qquad \frac{2}{5}=\frac{\ }{15} \qquad \frac{\ }{4}=\frac{2}{8}$$

$$\frac{1}{\ }=\frac{3}{12} \qquad \frac{3}{\ }=\frac{6}{14} \qquad \frac{2}{3}=\frac{4}{\ }$$

Unidad de capacidad

La unidad de capacidad se usa para medir cuánto le cabe a un cuerpo o sólido. La unidad utilizada se llama litro. El litro tiene submúltiplos, que son medidas menores que el litro. Algunas de ellas son el decilitro (dl), que es la décima parte del litro, el centilitro (cl), que es la centésima parte del litro, y el mililitro (ml), que es la milésima parte del litro.

Observa el siguiente ejemplo del uso de los mililitros. A Juan le dieron una medicina y las indicaciones para tomarla durante 5 días.

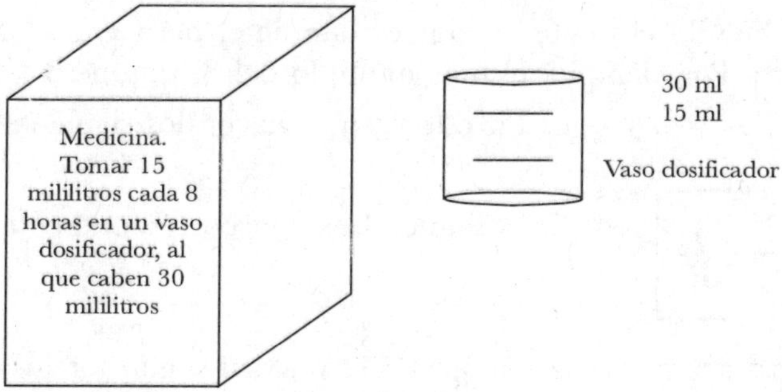

Frasco con 150 ml

Si Juan toma su medicina por primera vez a las 11:00 horas, ¿a qué hora deberá tomar la siguiente dosis? ____________

La medicina también se dosifica por edades. Se sabe que la dosis para un niño menor de 12 años es de 15 ml y para uno mayor de 12 es de 30 ml.

Juan tiene 8 años.

¿Cuánto debe tomar? ____________

¿Para cuánto tiempo le alcanza? ____________

¿Para cuántas dosis le alcanza? ____________

En un día, que son tres dosis, ¿cuántos ml ha tomado? ______

Operaciones con fracciones comunes

En la suma de fracciones, tenemos dos casos.

a) Cuando el denominador es el mismo.

$$\frac{2}{3}+\frac{1}{3}=\frac{2}{3}=1$$

Cuando el denominadores el mismo, simplemente se suman los numeradores. El denominador no cambia. Resuelve.

$\frac{1}{5}+\frac{2}{5}=$ ______ $\frac{1}{2}+\frac{1}{2}=$ ______

$\frac{2}{6}+\frac{3}{6}=$ ______ $\frac{1}{3}+\frac{1}{3}=$ ______

$\frac{4}{7}+\frac{5}{7}=$ ______ $\frac{1}{4}+\frac{1}{4}=$ ______

b) Cuando el denominador es diferente, pero uno es múltiplo del otro. Por ejemplo: el 6 es múltiplo del 3, porque 3 x 2 = 6.

En este caso se hacen los siguientes pasos:

① $\frac{1}{3}+\frac{1}{6}$

1) Se indica la suma correspondiente.

② $\frac{1 \times 2}{3 \times 2}=\frac{2}{6}$

2) Ya que no se pueden sumar tercios con sextos, encontramos una fracción equivalente de los tercios. En este caso lo que aparece en el cuadro 2.

③ $\frac{1}{3}=\frac{2}{6}$

3) Indicación de la relación de equivalencia.

④ $\frac{2}{6}+\frac{1}{6}=\frac{3}{6}$

4) Suma correcpondiente de fracciones con el mismo denominador [ver caso a)].

Resuelve ahora las siguientes sumas de fracciones. No olvides transformar en fracciones equivalentes.

$\frac{1}{5}+\frac{2}{10}=$ ______ $\frac{1}{2}+\frac{1}{4}=$ ______

$\frac{2}{6}+\frac{3}{12}=$ ______ $\frac{1}{6}+\frac{1}{3}=$ ______

$\frac{4}{14}+\frac{5}{7}=$ ______ $\frac{1}{4}+\frac{1}{8}=$ ______

c) Cuando el denominador es diferente y no son múltiplos uno del otro.

Se sigue el mismo procedimiento que en el caso b, pero el segundo paso se aplica a las dos fracciones. Ejemplo:

$\frac{1}{3}+\frac{2}{5}$	$\frac{1 \times 5}{3 \times 5}=\frac{5}{15}$	$\frac{1 \times 3}{5 \times 3}=\frac{3}{15}$	$\frac{1}{3}=\frac{5}{15}$	$\frac{1}{5}=\frac{3}{15}$	$\frac{5}{15}+\frac{3}{15}=\frac{8}{15}$

Ahora resuelve las siguientes sumas de fracciones.

$\frac{1}{5}+\frac{2}{3}=$ ________ $\qquad$ $\frac{1}{2}+\frac{1}{5}=$ ________

$\frac{2}{6}+\frac{3}{5}=$ ________ $\qquad$ $\frac{1}{2}+\frac{1}{3}=$ ________

$\frac{4}{3}+\frac{5}{7}=$ ________ $\qquad$ $\frac{1}{4}+\frac{1}{5}=$ ________

La resta de fracciones

La resta de fracciones comunes se realiza igual que la suma, pero restando los numeradores.

1. Identificación de la operación.

$$\frac{1}{3}+\frac{2}{5}$$

2. Búsqueda de fracciones equivalentes.

$$\frac{1 \times 5}{3 \times 5}=\frac{5}{15} \qquad \frac{1 \times 3}{5 \times 3}=\frac{3}{15}$$

3. Identificación de fracciones equivalentes.

$$\frac{1}{3}=\frac{5}{15} \qquad \frac{1}{5}=\frac{3}{15}$$

4. Operación de diferencia de numeradores.

$$\frac{5}{15}-\frac{3}{15}=\frac{5-3}{15}=\frac{2}{15}$$

Observa algo muy importante: tanto en suma como en resta si tomamos como denominador equivalente al producto de los denominadores, tendremos lo siguiente:

$$\frac{1}{3} - \frac{1}{5} = \frac{\quad - \quad}{15}$$

Si dividimos 15 ÷ 3 = 5 y 5 x 1 = 5, tenemos

$$\frac{1}{3} - \frac{1}{5} = \frac{5 - \quad}{15} =$$

Si dividimos 15 ÷ 5 = 3 y 3 x 1 = 3, tenemos

$$\frac{1}{3} \quad \frac{1}{5} = \frac{5 - 3}{15} =$$

Y como resultado final

$$\frac{1}{3} \quad \frac{1}{5} = \frac{5 - 3}{15} = \frac{2}{15}$$

Este procedimiento es el que finalmente se debe usar, pero ten muy en cuenta que surge de la búsqueda de las fracciones equivalentes.

Resuelve.

$\frac{1}{2} + \frac{2}{5} = \frac{\quad + \quad}{\qquad} = \frac{\quad}{\quad}$ $\qquad$ $\frac{1}{4} + \frac{1}{5} = \frac{\quad + \quad}{\qquad} = \frac{\quad}{\quad}$ $\qquad$ $\frac{3}{4} + \frac{1}{8} = \frac{\quad + \quad}{\qquad} = \frac{\quad}{\quad}$

$\frac{1}{3} + \frac{1}{9} = \frac{\quad + \quad}{\qquad} = \frac{\quad}{\quad}$ $\qquad$ $\frac{1}{2} + \frac{2}{5} = \frac{\quad + \quad}{\qquad} = \frac{\quad}{\quad}$ $\qquad$ $\frac{1}{2} + \frac{2}{6} = \frac{\quad + \quad}{\qquad} = \frac{\quad}{\quad}$

$\frac{1}{3} - \frac{1}{4} = \frac{\quad - \quad}{\qquad} = \frac{\quad}{\quad}$ $\qquad$ $\frac{1}{3} - \frac{1}{6} = \frac{\quad - \quad}{\qquad} = \frac{\quad}{\quad}$ $\qquad$ $\frac{1}{4} - \frac{1}{4} = \frac{\quad - \quad}{\qquad} = \frac{\quad}{\quad}$

$\frac{2}{3} - \frac{2}{5} = \frac{\quad - \quad}{\qquad} = \frac{\quad}{\quad}$ $\qquad$ $\frac{1}{5} \times \frac{3}{10} = \frac{\quad + \quad}{\qquad} = \frac{\quad}{\quad}$ $\qquad$ $\frac{2}{3} \times \frac{2}{5} = \frac{\quad + \quad}{\qquad} = \frac{\quad}{\quad}$

$\frac{1}{4} - \frac{1}{5} = \frac{\quad - \quad}{\qquad} = \frac{\quad}{\quad}$ $\qquad$ $\frac{3}{10} - \frac{1}{5} = \frac{\quad - \quad}{\qquad} = \frac{\quad}{\quad}$

PROBLEMAS CON FRACCIONES

1. Un pastel se cortó en 9 partes iguales. El del cumpleaños se comió 2 partes, su mamá 3 partes y su papá otras 3. Colorea la parte de pastel que se comieron.

¿Cuánto se comieron de pastel? 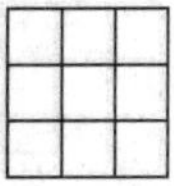

Datos	**Operación**	**Resultado**
$\frac{9}{9} = 1$ Pastel	$\frac{2}{9} + \frac{3}{9} + \frac{3}{9} =$	Se comieron_____

2. Se necesitan utilizar 3/5 partes de harina para hacer un pastel y se tiene un costal dividido en 5/5 partes. ¿Cuánto sobra?

Datos	**Operación**	**Resultado**
$\frac{5}{5} =$ Costal completo		Sobra_____

Observa dos cosas muy importantes: hemos utilizado fracciones con dos características diferentes. Obsérvalas.

$\frac{3}{5}$ Fracción propia $\qquad$ $\frac{7}{6}$ Fracción impropia

Una fracción es propia cuando el numerador es menor que el denominador y representa menos que un entero; y fracción impropia es cuando el numerador es mayor que el denominador y representa algo mayor que un entero.

Cuando una fracción común está formada por una parte entera y una parte fraccionaria, se llama fracción mixta.

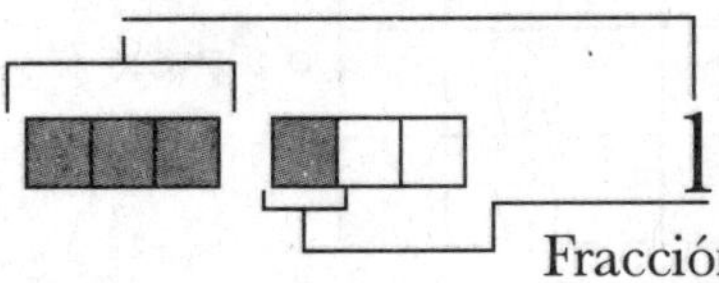

$1\frac{1}{3}$ o $\frac{4}{3}$

Fracción mixta $\qquad$ Fracción impropia

$$1\frac{1}{3} = \frac{4}{3}$$

Observa además que la fracción mixta se puede representar como una fracción impropia: La forma de convertir una fracción impropia en una fracción mixta es dividiendo el numerador entre el denominador. Fíjate en el ejemplo siguiente:

$\frac{4}{3}$ Fracción mixta $\quad 3\overline{)4}$ → cociente 1, residuo 1 $\quad 1\frac{1}{3}$ Fracción impropia

Para pasar de una fracción mixta a una fracción impropia se efectúa el siguiente procedimiento.

$1\frac{1}{3}$ Fracción mixta $\quad 3 \times 1 = 3$ después $\quad 3 + 1 = 4$

$\frac{4}{3}$ Fracción impropia

Convierte la fraccíón impropia en mixta y la mixta en impropia.

$$\frac{5}{3} = - \qquad\qquad 2\frac{3}{4} = -$$

El rectángulo

El rectángulo es una figura de cuatro lados, por lo que es un cuadrilátero. Sus lados apuestos son paralelos e iguales, por lo que es un paralelogramo.

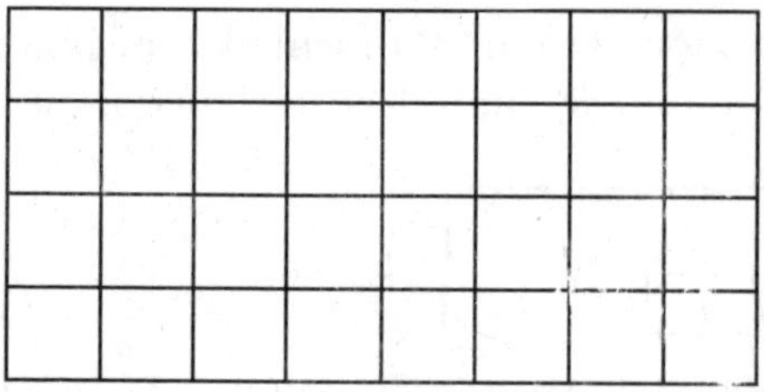

Ancho o altura

Largo o base

El rectángulo anterior tiene 32 cuadritos. Si cada uno de éstos fuera de un cm^2, entonces el área del rectángulo sería de 32 cm^2, que es el número de cuadritos que tiene. Si se multiplica el número de cuadritos horizontales por el número de cuadritos verticales, o sea, 8 x 4, da exactamente 32 cm^2. Por lo que el área del rectángulo se obtiene multiplicando el largo por el ancho o la base por la altura. La fórmula utilizada para obtener el área del rectángulo es:

$A = b \times h$

Donde

A = área b = base h = altura

El área del rectángulo se obtiene multiplicando base por altura. Calcula el área de los siguientes rectángulos.

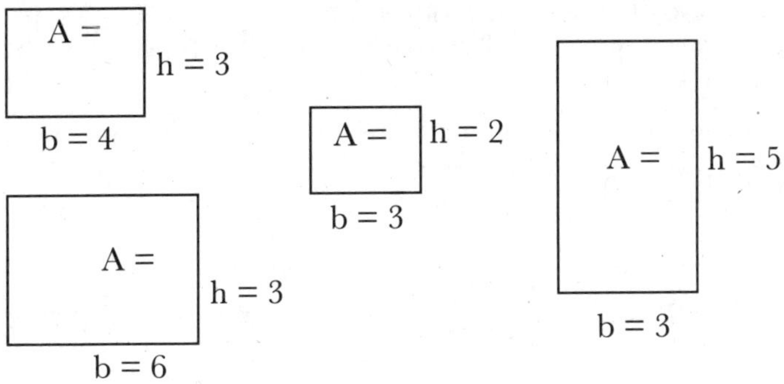

Poliedros

Son cuerpos geométricos cuyas caras son polígonos, que pueden ser regulares o no.

Sus elementos principales son:

a) Aristas: son las líneas que forman los polígonos.

b) Vértices: puntos a los que llegan las aristas.

c) Caras: son los polígonos que los forman.

Algunos poliedros son:

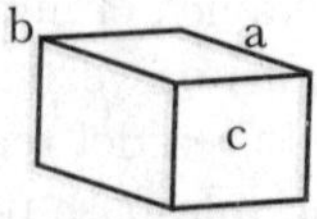

PRISMA RECTANGULAR
(Base rectangular)

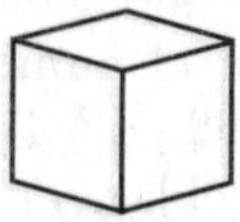
CUBO

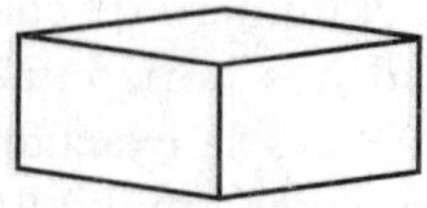
PRISMA CUADRANGULAR
(Base cuadrada)

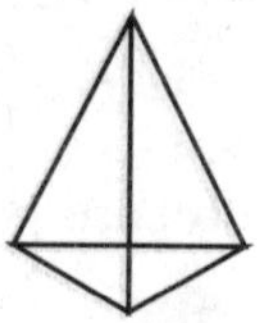
PIRÁMIDE TRIANGULAR
(Base: triángulo)

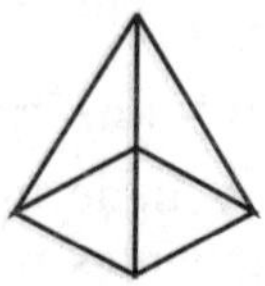
PIRÁMIDE CUADRANGULAR
(Base: cuadrangular)

PIRÁMIDE PENTAGONAL
(Un pentágono es su base)

Anota el número de caras, aristas y vértices que tienen los poliedros de la tabla siguiente.

POLIEDRO	NÚMERO DE CARAS	ARISTAS	VÉRTICES
CUBO			
PRISMA CUADRANGULAR			
PRISMA RECTANGULAR			
PIRÁMIDE TRIANGULAR			
PIRÁMIDE CUADRANGULAR			
PIRÁMIDE PENTAGONAL			

Números denominados

Se les llama así a los números que no siguen el sistema decimal. Entre ellos están las medidas de tiempo.

Recordemos cómo son las unidades de tiempo y sus equivalencias.

1 milenio = 10 siglos = 100 décadas = 200 lustros =1 000 años

1 siglo = 10 décadas = 20 lustros = 100 años

1 década = 2 lustros = 10 años

1 lustro = 5 años 1 año = 12 meses

1 año = 365 días. Se separa de los meses porque, al decir que el mes tiene 30 días, entonces el año tendría 360 días. Para problemas de aritmética, consideraremos el año como 365 días.

1 mes = 30 días (esto se utiliza convencionalmente para cálculos, porque sabemos que hay meses de 31 y de 28 días).

1 día = 24 horas

1 hora = 60 minutos = 3 600 segundos

1 minuto = 60 segundos

Estos números denominados, al igual que todos los demás, se pueden sumar y restar, pero se tienen que aplicar variantes, ya que no se rigen por el sistema decimal.

Veamos cómo se realiza una suma de números denominados en la que no necesitamos hacer conversiones.

	3 hrs	15 min
+	4 hrs	30 min
	7 hrs	45 min

Esta suma es directa porque no sobrepasamos las equivalencias. Los minutos no pasan de 59, por lo que no hay necesidad de convertir a las horas.

Veamos una suma en la que necesitamos realizar conversiones.

	4 hrs	35 min
+	3 hrs	40 min
	7 hrs	75 min
	4 hrs	35 min
+	3 hrs	40 min
	(8) hrs	[15] min

En este caso puedes observar que 75 minutos sí sobrepasan los minutos que tiene una hora, por lo que restamos 75 - 60 = **15**; es menos 60 porque 1 hora = 60 minutos. Si restamos 60 tenemos una hora más.

1 + 7= **8** horas.

Veamos una suma con otras unidades.

+	3 meses	15 min
	4 meses	30 min
	~~7~~ meses	~~45~~ min
	(8) meses	[15] min

Ya que 1 mes = 30 días, restamos 45 - 30 = 15. Quedan entonces 15 días. Así acumulamos un mes más: 7 + 1 = 8.

Realiza las siguientes sumas.

+	5 h	30 min	+	4 días	15 h
	4 h	10 min		2 días	4 h

+	3 años	45 días	+	15 min	31 seg
	1 año	123 días		20 min	20 seg

Veamos ahora cómo se realiza una resta. En las restas se sigue un procedimiento parecido al de las restas conocidas, pero el préstamo que le hacemos al número vecino viene acompañado de su respectiva conversión.

Observa primero que a 45 no le puedes quitar 50, por lo que hay que pedir prestada 1 hora= 60 minutos; entonces hay ahora 45 + 60= 105 min, y como pedimos 1 hora, tenemos 15 - 1= 14 h.

-	15 h	45 min
	5 h	50 min
-	14 h	105 min
	5 h	50 min
	(9 h)	[55 min]

Entonces ya se puede restar 105 - 50 = 55 min, y 14 - 5= 9 h.

Realiza las siguientes operaciones.

-	3 años	45 días	-	35 min	31 seg
	1 año	123 días		20 min	20 seg

-	5 h	45 min	-	35 días	31 h
	4 h	123 min		20 días	20 h

-	4 años	6 meses	-	35 min	20 seg
	2 año	7 meses		25 min	10 seg

EJERCICIOS

Sigue las operaciones y obtén el resultado.

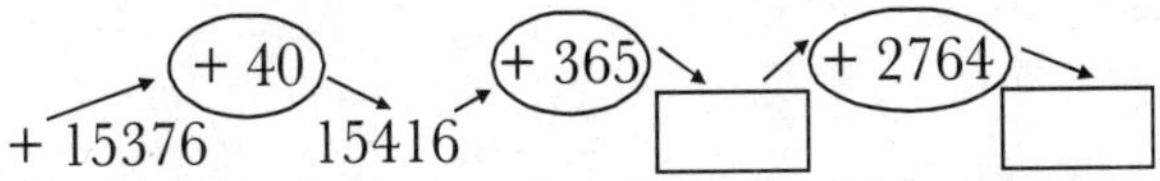

Pon el antecesor y el sucesor de los números siguientes.

ANTECESOR		SUCESOR
____________________	37 539	____________________
____________________	23 143	____________________
____________________	10 000	____________________

En mi casa se compraron 3 refrescos chicos y somos 4, y en la casa de mi tío, en donde son 5, también compraron 3 refrescos iguales.

¿A quén le tocó más refresco, a mí o a mi primo? ____________

¿A qué fracción equivale la parte que me tocó? ____________

¿A qué fracción equivale la parte que le tocó a mi primo? ____________

Traza tres ángulos que midan, respectivamente, 45°, 60° y 75°.

UNIDAD 4

LAS FRACCIONES DECIMALES

Las fracciones comunes, como recordarás, pueden tener cualquier denominador.

Las fracciones decimales tiene la característica de que su denominador es un múltiplo de diez, que puede ser 10, 100, 1000, etc.

Si el entero se parte en 10 tramos iguales, una parte es precisamente $^1\!/_{10}$ y se lee un décimo.

Si el entero se parte en 100 tramos, una parte es precisamente $^1\!/_{100}$ y se lee un centésimo.

Si el entero se parte en 1 000 tramos, entonces tenemos un milésimo: $^1\!/_{1000}$

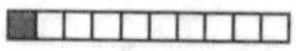

$\frac{1}{10}$

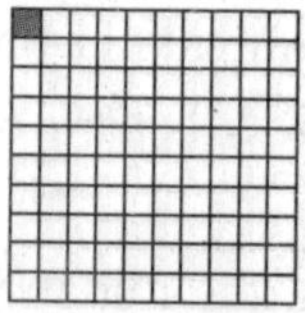

$\frac{1}{100}$

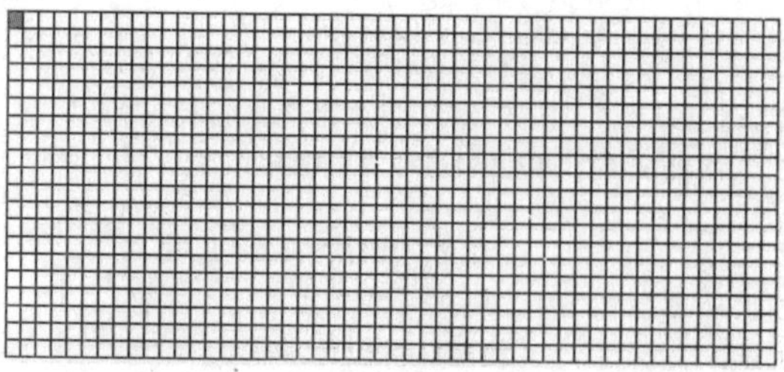

$\frac{1}{1000}$

Suma las fracciones decimales.

$$\frac{1}{10}+\frac{2}{10}= \qquad\qquad \frac{3}{100}+\frac{4}{100}=$$

Los números decimales

Los números decimales son aquellos en los que se utiliza el punto para indicar una parte menor que el entero.

El punto decimal separa los enteros de las fracciones decimales.

Ejemplo:

Enteros	Decimales
2	5

Se lee: dos enteros y 5 décimos.

Veamos algunos ejemplos y su equivalencia con las fracciones decimales. Verás que se utiliza una terminología similar.

Números decimales	Fracciones decimales
$0.7 = \frac{7}{10}$	Siete décimos
$0.9 = \frac{9}{10}$	Nueve décimos
$0.24 = \frac{24}{100}$	Veinticuatro centésimos
$0.76 = \frac{76}{100}$	Setenta y seis centésimos
$0.34 = \frac{34}{100}$	Treinta y cuatro centésimos
$0.478 = \frac{478}{1000}$	Cuatrocientos setenta y ocho milésimos

Expresa los siguientes números decimales como fracciones decimales.

$0.8 = \frac{8}{10}$ $\quad$ 0.789 = ——

0.9 = —— $\quad$ 0.678 = ——

0.23 = —— $\quad$ 0.567 = ——

0.34 = —— $\quad$ 0.456 = ——

0.45 = —— $\quad$ 0.345 = ——

0.67 = —— $\quad$ 0.987 = ——

Escribe las fracciones decimales como números decimales.

$\frac{82}{100} = 0.82$	$\frac{789}{1000} =$	$\frac{6}{10} =$
$\frac{93}{100} =$	$\frac{678}{1000} =$	$\frac{87}{100} =$
$\frac{9}{10} =$	$\frac{567}{1000} =$	$\frac{454}{1000} =$
$\frac{367}{1000} =$	$\frac{45}{100} =$	$\frac{345}{1000} =$

Observa una cosa muy importante: la posición que guarda el número con respecto al punto decimal.

La primera posición a la derecha del punto decimal determina los décimos. Así 0.5 se lee cinco décimos.

La segunda posición después del punto decimal determina los centésimos, de modo que 0.34 se lee treinta y cuatro centésimos.

La tercera posición determina los milésimos: 0.567 es quinientos sesenta y siete milésimos.

En una cantidad el punto decimal separa los enteros de los decimales.

Analicemos el número 345.657:

ENTEROS	DECIMALES
3 corresponde a las centenas	6 corresponde a los décimos
4 corresponde a las decenas	5 corresponde a los centésimos
5 corresponde a las unidades simples	7 corresponde a los milésimos

Comparación de números

En unas colonias de la ciudad se realizó un censo, y se obtuvieron los resultados siguientes.

Colonia	Habitantes
Azul	3$\underline{8}$ 975
Amarillo	41 $\underline{1}$59
Verde	21 43$\underline{4}$
Morado	$\underline{4}$ 474
Café	8 $\underline{9}$11
Naranja	3 5$\underline{8}$3
Rojo	$\underline{7}$ 602

Pon el nombre de la colonia que tiene más habitantes. ________

Pon el nombre de la colonia que tiene menos habitantes. ________

Pon los números de los habitantes de las colonias de menor a mayor.

< < < < < <

Nota que los números que aparecen en las colonias tienen una cifra subrayada. Pon el valor relativo y absoluto de esa cifra.

	Valor relativo	Valor absoluto
3$\underline{8}$ 975	8 000	8
41 $\underline{1}$59		
21 43$\underline{4}$		
$\underline{4}$ 474		

	Valor relativo	Valor absoluto
8 $\underline{9}$11		
3 5$\underline{8}$3		
$\underline{7}$ 602		

Observa el número 38 975 y pregúntate:

¿Este número está más cerca del 38 000 o del 39 000?

La respuesta es la aproximación.

Aproxima los demás números.

	Aproximación
38 975	39 000
41 159	
21 434	
4 474	

	Aproximación
8 911	
3 583	
7 602	

Ya que tenemos la aproximación de los números de habitantes de las colonias, elaboremos una gráfica: Utiliza los valores aproximados que encontraste en la tabla anterior.

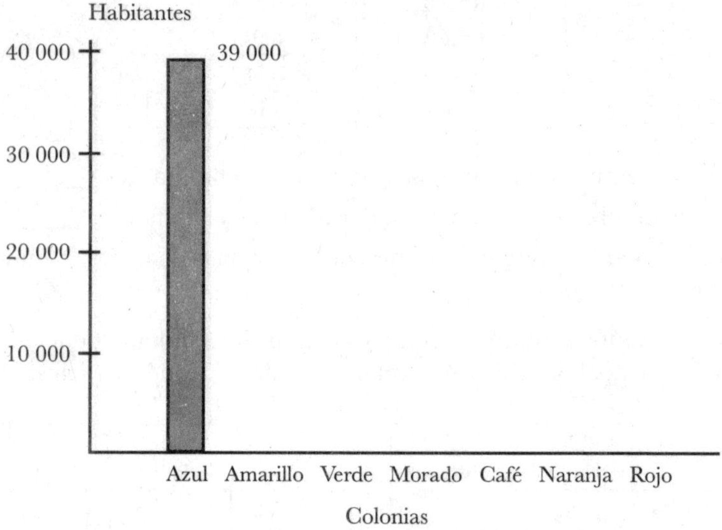

MEDIDAS LINEALES Y DE SUPERFICIE

Primero recordemos las equivalencias entre múltiplos y submúltiplos del metro. Sabemos que el metro es la unidad de medida de longitud. Para las superficies o áreas la unidad de medida es el metro cuadrado (m2).

UNIDADES DE METRO

Múltiplos (mayores que el m)	**Submúltiplos** (menores que el m)
1 km = 10 Hm = 100 Dam = 1 000 m	**1 m** = 10 dm = 100 cm = 1000 mm
1 Hm = 10 Dam = 100 m	**1 dm** = 10 cm = 100 mm
1 Dam = 10 m	**1 cm** = 10 mm

Unidades de superficie

Múltiplos

1 km² = 100 Hm² = 10 000 Dam² = 1 000 000 m²

1 Hm² =100 Dam² = 10 000 m²

1 Dam² = 100 m²

Submúltiplos

1 m² = 100 dm² = 10 000 cm² = 1 000 000 mm²

1 dm² = 100 cm² = 10 000 mm²

1 cm² = 100 mm²

Un cm cuadrado es un cuadrado de 1 cm por lado y es una unidad de superficie.

Para encontrar el área o la superficie de una figura geométrica, se multiplican los lados de la figura.

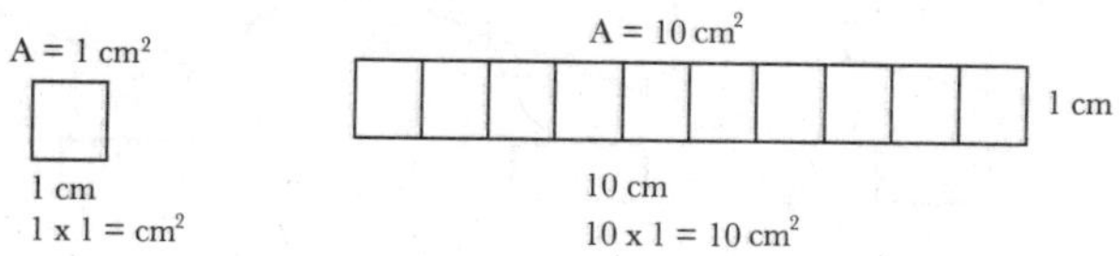

Si cuentas los cuadros podrás observar que son exactamente 10, y si cada cuadrado es un 1 cm² entonces el área es 10 cm², pero si multiplicas 10 cm x 1 cm es 10 cm², que es lo mismo.

Ejes de simetría

Un eje de simetría corta una figura en 2 partes iguales, quedando las figuras como si se vieran en un espejo.

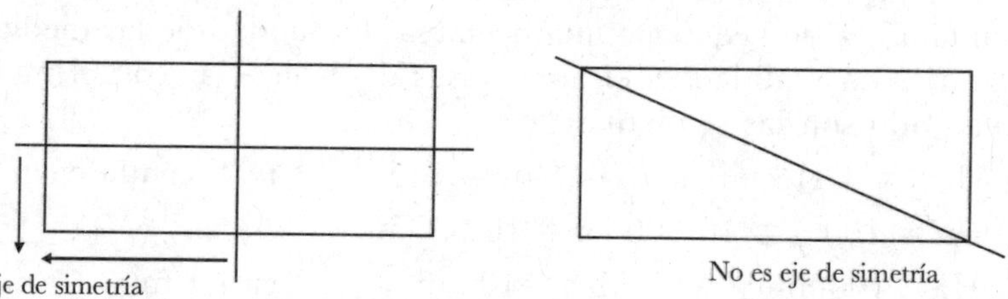

Eje de simetría

No es eje de simetría

Localiza y traza los ejes de simetría de las siguientes figuras. Anota los nombres de las figuras a un lado de ellas y pon en el rectángulo que está abajo de cada una el número de ejes de simetría que tienen.

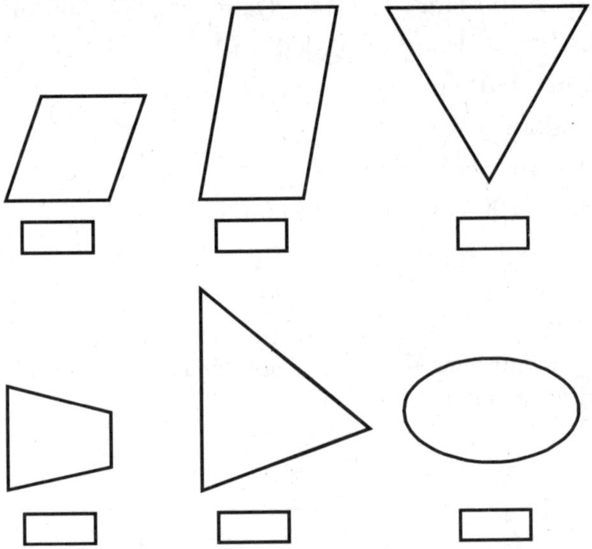

Los ejes de simetría se pueden encontrar en todos lados, hasta en ti mismo. Si te trazas un eje de simetría imaginario, descubrirás dos mitades iguales, la parte izquierda y la parte derecha.

Las medidas agrarias

Las medidas agrarias se utilizan para medir grandes terrenos. En las noticias muchas veces escuchamos que el campo cuenta con tantas hectáreas para sembrar frijol, por ejemplo, y nos preguntamos a qué equivale una hectárea. La unidad de las medidas agrarias en realidad es el área, y sus equivalencias con el metro cuadrado son las siguientes:

1 Hm^2 = 1 Hectárea 1 Dam^2 = área 1 m^2= centiárea

1 Ha = 100 a = 10 000 ca = 10 000 m^2

1 Ha= 10000m^2 1 a= 100m^2 1 ca= 1 m^2

PROBLEMAS DE APLICACIÓN DE MEDIDAS AGRARIAS

1. En el rancho de mi tío una vez me dijeron que tenían 2 hectáreas de terreno. Si yo sé que una hectárea tiene 10 000 m^2, ¿cuántos metros cuadrados tiene el terreno?

Datos **Operación** **Resultado**

¿A cuántas áreas equivale?

Datos **Operación** **Resultado**

Realiza las siguientes conversiones.

30 000 m^2 =	Ha	500 m^2=	a
15 Ha =	m^2	20a=	m^2

ÁNGULOS DE 30° Y 60°

Observa la siguiente figura.

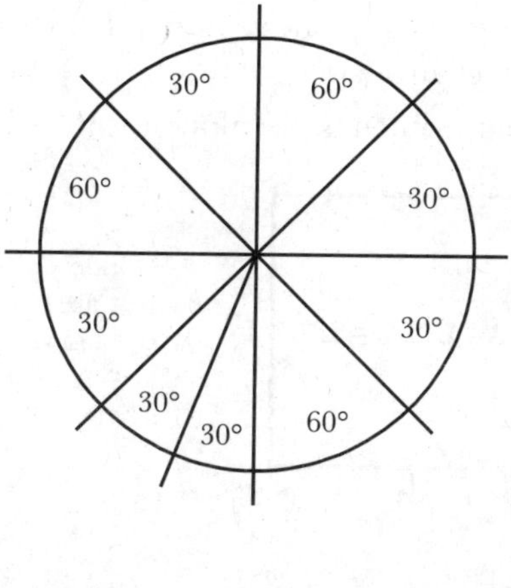

El círculo está partido en varias secciones, cada una de ellas tiene un valor en ángulos. Si recuerdas, el ángulo es la medida de la abertura de dos rectas.

Al dar una vuelta completa una de las líneas, se realiza un giro de 360°.

Verifica que la suma de todos los ángulos que aparecen es igual a 360°.

30+60+30+60+30+30+30+60+30=

Ve los siguientes relojes e indica la medida del ángulo entre las manecillas.

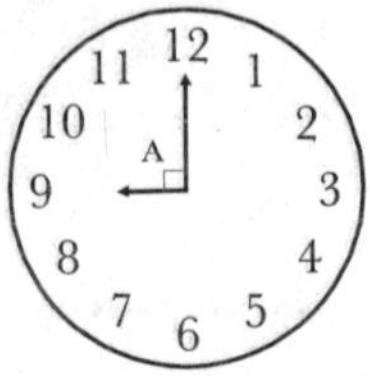

$\measuredangle$A=

$\measuredangle$B=

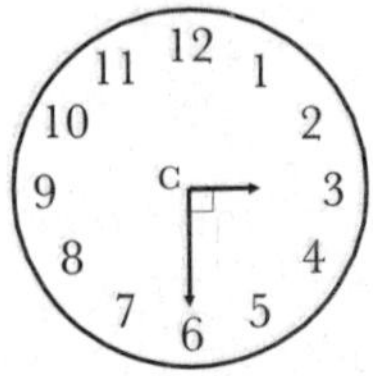

$\measuredangle$C=

LAS ÁREAS

El área, como recordarás, es la superficie dentro de una figura geométrica.

Veremos las fórmulas utilizadas para encontrar el área de algunas figuras geométricas, que son el cuadrado, el rectángulo y el triángulo.

El cuadrado es un cuadrilátero, porque tiene cuatro lados, es un paralelogramo, porque sus lados son paralelos e iguales, y es un polígono regular de cuatro lados.

La fórmula para obtener el valor de su área es:

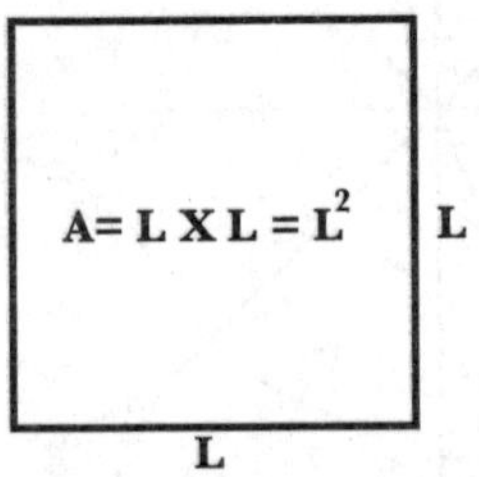

Donde:
A = área
L = lado
L^2 = lado al cuadrado

Ejemplo:

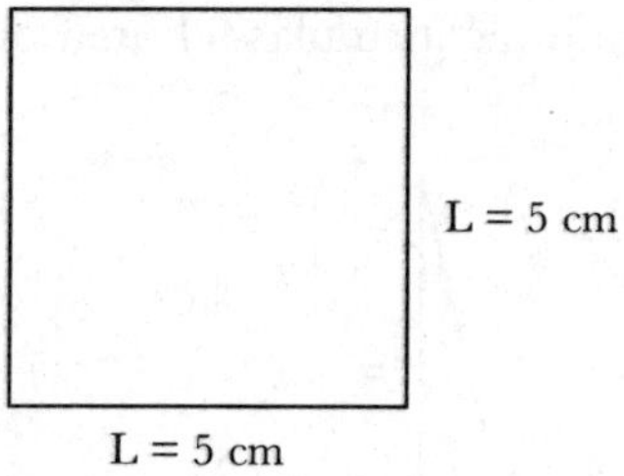

A= 5 cm x 5 cm = 25 cm^2

El rectángulo es una cuadrilátero y un paralelogramo. La fórmula para obtener el valor de su área es:

Donde:

A = área

b = base

h = altura

A = b x h

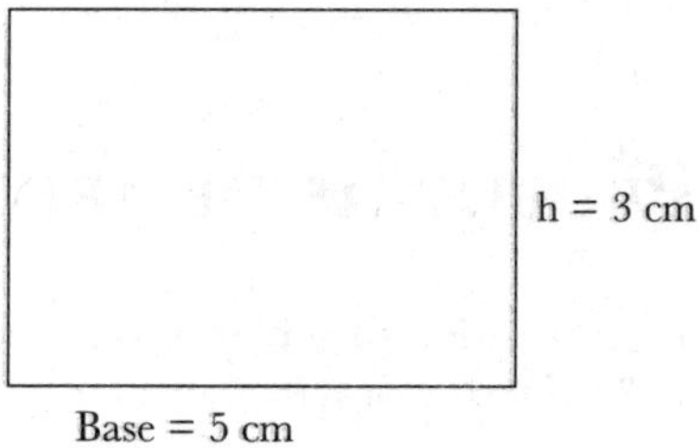

A = 5 cm x 3 cm =15cm^2

El triángulo es una figura geométrica de 3 lados. Se obtiene al partir un rectángulo en 2 secciones. Su área se calcula como la mitad del área del rectángulo, es decir:

$$\mathbf{A = \frac{B \times h}{2}}$$

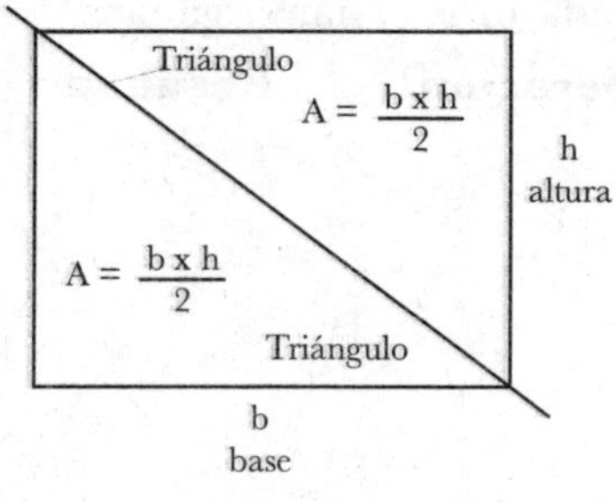

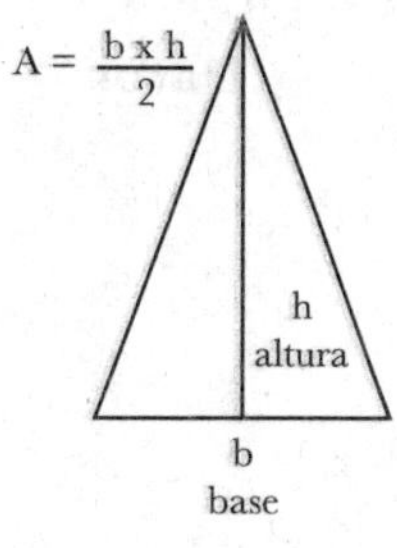

Calcula, utilizando las fórmulas, el área de las siguientes figuras.

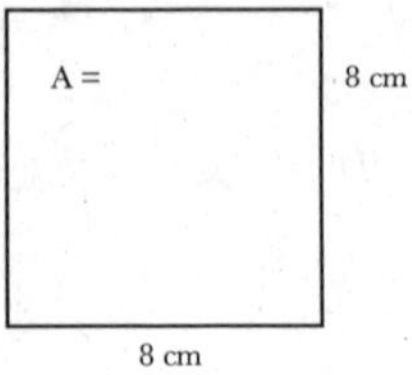

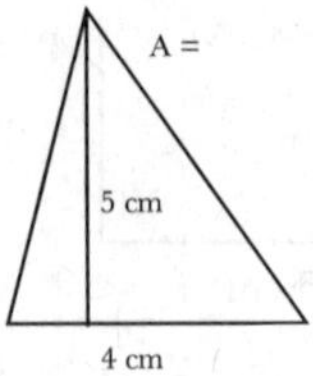

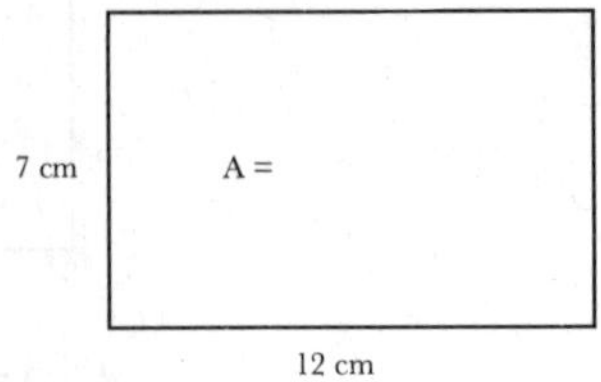

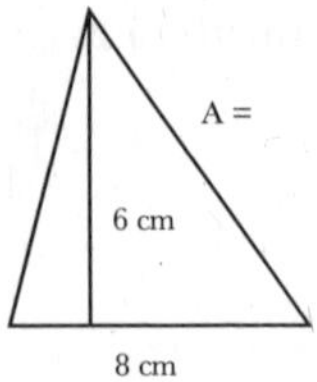

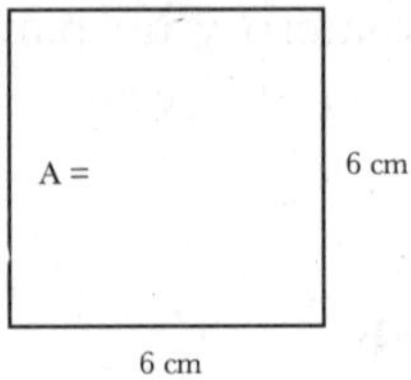

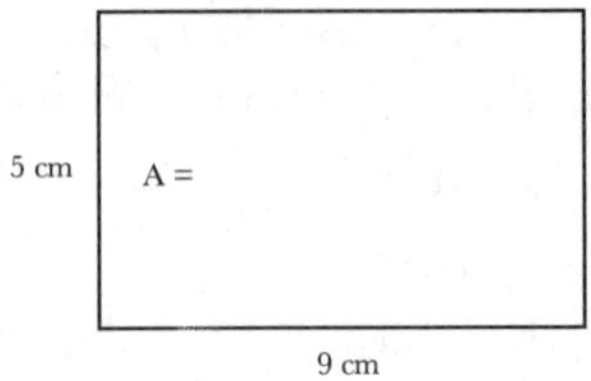

PROBLEMAS DE ÁREAS

1. Don Juan quiere vender su terreno, que tiene la forma de un rectángulo y mide 15 Dam por 18 Dam.

¿Cuántos Dam^2 venderá?

Datos **Operación** **Resultado**

Si el Dam^2 se vende a $13 cada uno, ¿cuánto ganará?

Datos **Operación** **Resultado**

2. En un parque triangular de la ciudad se quieren sembrar árboles. Si el terreno mide 22 m de base y 20 m de altura, ¿cuánta área se sembrará?

Datos **Operación** **Resultado**

3. Un cuadrado mide 30 m de lado. ¿Cuánto mide de área?

Datos **Operación** **Resultado**

Pesas

En las tiendas utilizan pesas de diferentes tamaños para despachar a la gente.

Puedes observar también que la unidad de peso de uso común es el kg.

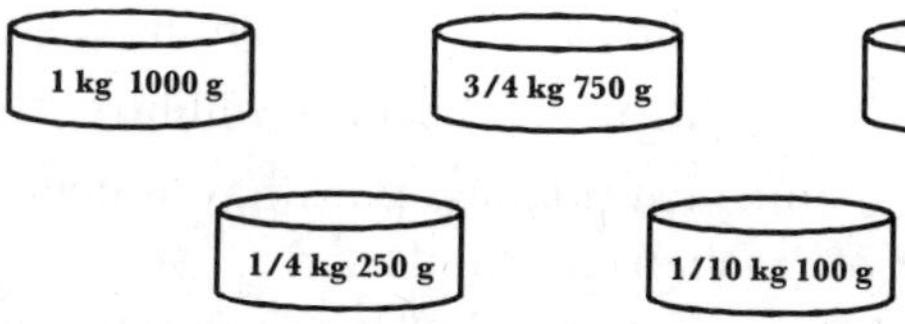

1. Si en tu grupo son 29 niños y cada uno lleva tres pesas de 75 g, ¿cuántas pesas de 75 g son?

Datos **Operación** **Resultado**

2. Suma el valor de las pesas del dibujo y dinos cuánto es en total.

Datos	**Operación**	**Resultado**

3. Si se utilizan 2 pesas de 1/2 kg, ¿cuánto peso se tiene? Pon tu resultado en forma de fracción común y en números decimales.

Datos	**Operación**	**Resultado**

MEDIDAS DE CAPACIDAD Y DE PESO

La unidad de las medidas de capacidad es el litro (*l*). Como todas las unidades de medida, tiene sus múltiplos y submúltiplos.

MÚLTIPLOS	SUBMÚLTIPLOS
Kl = Kilolitro = 1 000 litros	dl= decilitro = 0.1
Hl = Hectolitro = 100 litros	cl = centilitro = 0.01
Dal = Decalitro = 10 litros	ml = mililitro = 0.001

Observa las siguientes cantidades, pues hay muchos productos que compras que así vienen graduados.

1 litro = 10 decilitros = 100 centilitros = 1 000 mililitros.

½ litro = 5 decilitros = 50 centilitros = 500 mililitros

¼ litro = 2.5 decilitros = 25 centilitros = 250 mililitros

Anota productos que se midan con el litro: ________________

Existen en el mercado muchos recipientes que vienen graduados en unidades de litro.

Para realizar conversiones, puedes seguir el siguiente procedimiento.

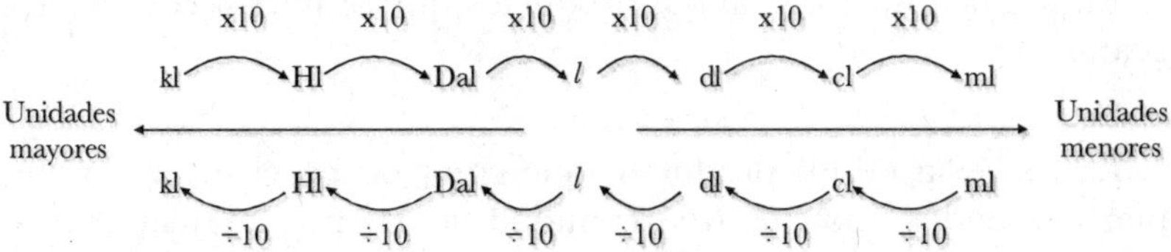

Las unidades mayores se encuentran a la izquierda, por lo que si quieres convertir de una unidad mayor a una unidad menor sólo tienes que ver cuántas veces brincas y multiplicar por lo que se deba. Si brincas un lugar, multiplicas por 10; si son dos, por 100, si son 3, por 1000, etcétera.

Si tu conversión va de la unidad menor a la mayor, de derecha a izquierda, entonces la operación que se realiza es una división.

Si quieres convertir 3 Dal en dl, debes recorrer dos lugares de izquierda a derecha, por lo que hay que multiplicar por 100, y entonces 3 Dal= 300 dl.

Realiza las siguientes conversiones.

1 *l* = ________________ dl   2 *l* = ________________ dl

1 *l* = ________________ cl   2 *l* = ________________ ml

4 *l* = ________________ dl   6 *l* = ________________ cl

300 dc = ____________ *l*   1 500 cl = ____________ *l*

La unidad de medida del peso es el gramo, pero el kilogramo (kg) es la más usual:

Como todas las unidades de medida, las de peso también tienen sus múltiplos y submúltiplos.

MÚLTIPLOS	SUBMÚLTIPLOS
kg = kilogramo = 1 000 g	dg = decigramo = 0.1 g
Hg =Hectogramo= 100 g	cg = centigramo = 0.01 g
Dag = Decagramo = 10 g	mg = miligramo = 0.001 g

Observa la siguiente tabla, pues hay muchos productos que tú compras que así vienen graduados.

1 kilogramo = 10 Hectogramos = 100 Decagramos =1 000 gramos

½ kilogramo = 5 Hectogramos = 50 Decagramos = 500 gramos

¼ kilogramo = 2.5 Hectogramos = 25 Decagramos = 250 gramos

En la línea de abajo anota productos que se midan con el kilogramo.

____

La mayoría de los productos que compras en el mercado vienen graduados, indicando la cantidad de gramos que contienen.

Realiza las conversiones que se piden más adelante. Observa que aparece una relación igual que en las medidas de capacidad; por lo tanto, debes seguir exactamente el mismo procedimiento para convertir las unidades de peso.

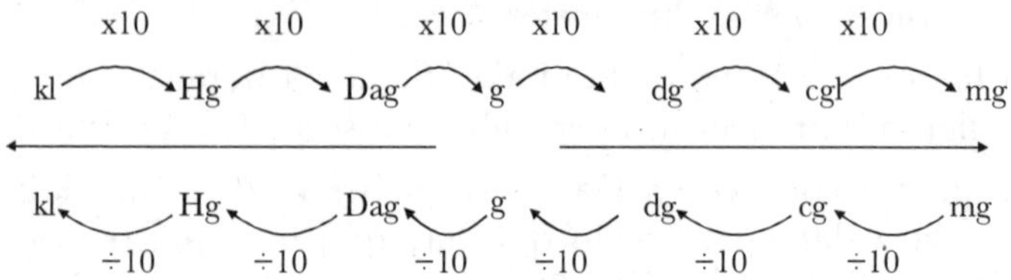

1 kg = ____________	1000 g = ____________ kg
2 kg = ____________	500 g = ____________ kg
3 kg = ____________	30 g = ____________ kg
4 kg = ____________	100 Dag g = ____________ kg
5 kg = ____________	35 Hg = ____________ kg

l. En casa, mi mamá quiere hacer un pan con estos ingredientes: 600 g de harina, 300 g de azúcar, 250 g de mantequilla, 20 g de levadura, ¼ de litro de leche y ½ litro de agua.

¿Cuántos kg de productos necesita y cuántos gramos? ¿Cuántos ml de líquido usará?

Datos **Operación** **Resultado**

Las alturas

Sabemos ya que un triángulo es una figura geométrica de 3 lados, que su perímetro se encuentra sumando el valor de las dimensiones de sus lados, y que el área se halla multiplicando la base por la altura y dividiendo el resultado entre 2, pero, de un triángulo cualquiera, ¿cuál es su base y cuál es su altura?

Recordemos que dos rectas son perpendiculares cuando forman una T o un ángulo de 90° entre ellas; este ángulo se da cuando es ¼ de vuelta o cuando son las 3 en el reloj.

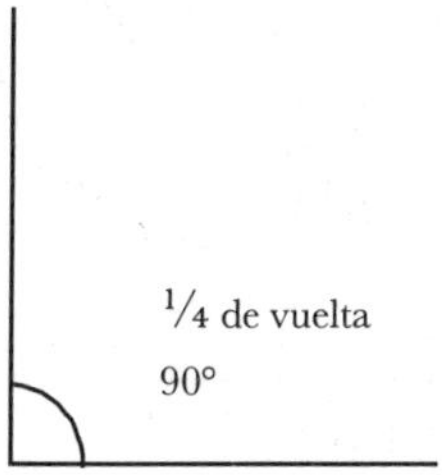

Recetas perpendiculares

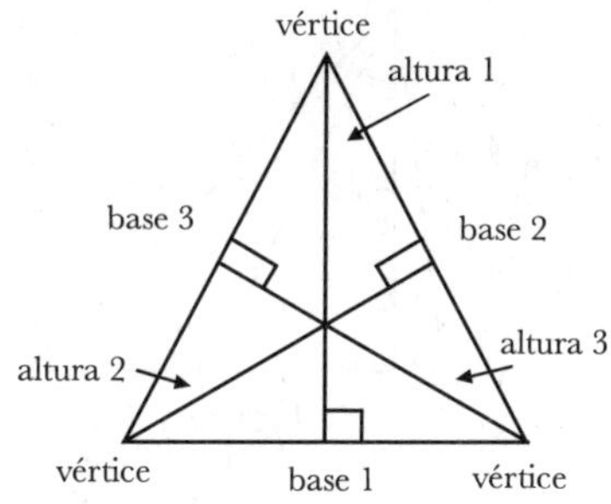

Observa la siguiente figura.

La altura de un triángulo depende en primera instancia de qué lado tomamos como su base.

La base del triángulo puede ser cualquiera de sus tres lados y la altura será entonces la recta que baja del vértice opuesto a la base y llega en forma perpendicular a ella.

En el dibujo puedes observar entonces que un triángulo equilátero tiene 3 alturas.

Pueden existir triángulos que tengan la misma base y la misma altura y, sin embargo, verse diferentes. Veamos un ejemplo.

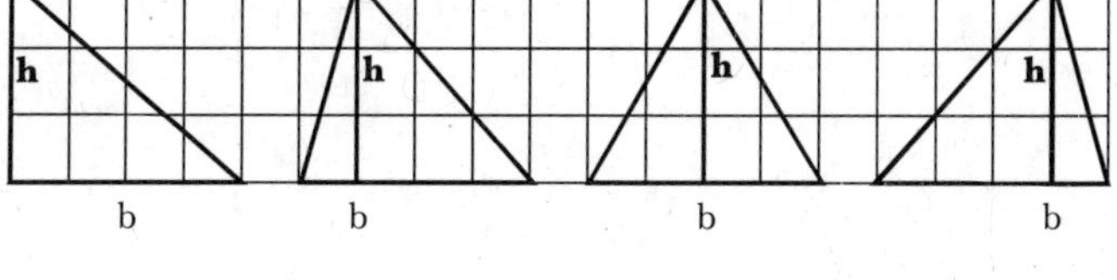

Todos estos triángulos tienen una base de 4 unidades y una altura de 3 unidades, por lo que su área es en los 4 casos la misma: 6 unidades cuadradas.

Utiliza las líneas que aparecen como base para trazar 4 triángulos que tengan una altura de 2 cm.

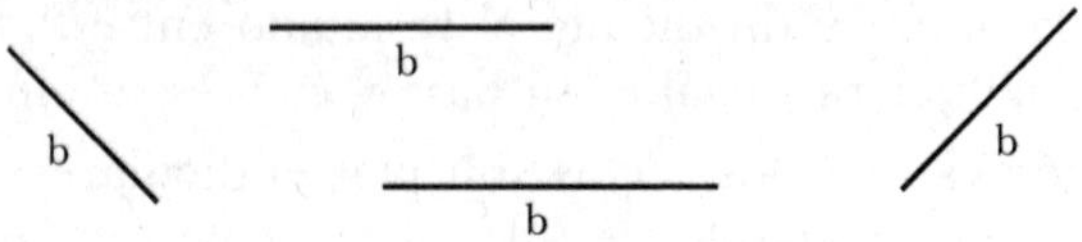

Veamos una forma sencilla de determinar la altura del triángulo.

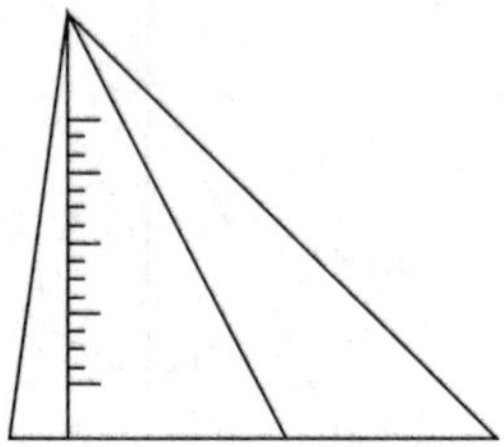

Figura 1

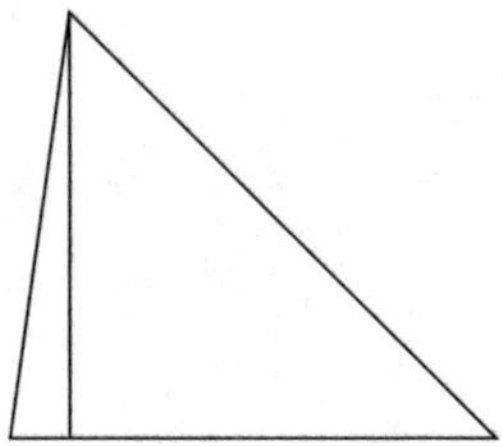

Figura 2

En la figura 1 observa cómo debes colocar tu escuadra. Ya que la hayas colocado, traza la linea que corresponde a la altura.

En la figura 2 puedes observar la altura ya trazada.

Indica la altura de los triángulos siguientes.

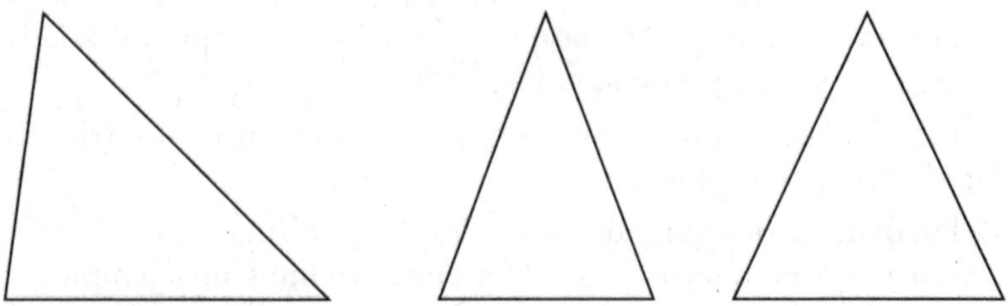

La circunferencia

Es la línea curva cerrada en la cual todos los puntos de su contorno están a la misma distancia de un punto llamado centro.

Se traza normalmente con un aparato llamado compás, que consta de dos patas unidas en uno de sus extremos. Éstas se abren para poder dar diferentes tamaños de círculos.

Una de las patas trae un pico de metal que se entierra en el cuaderno para que se mantenga fija; la otra pata contiene un marcador que sirve para trazar la circunferencia cuando gira apoyándose en la pata que se encuentra fija.

Cuando quieras realizar un juego que necesite de una circunferencia, ten en cuenta que la manera más fácil de trazarla es con un gis colocado en la punta de una cuerda de las dimensiones requeridas. Sosteniendo la cuerda por uno de sus extremos, se hace girar la parte que tiene el gis.

Traza algunas circunferencias con tu compás. Cuida que la parte de la punta de metal quede bien fija, para que el trazo que realices sea de calidad.

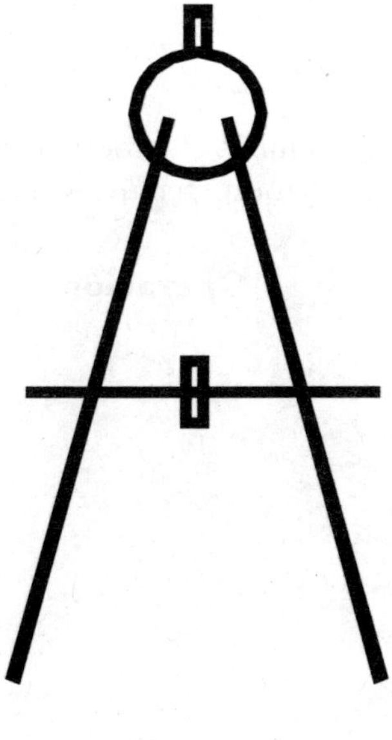

Problemas

1. En una tienda, un artículo tiene dos precios: el de lista, que es de $599, y el precio que en ese momento tiene por una promoción; que es de $419.

¿Qué cantidad fue la que se descontó?

Datos **Operación** **Resultado**

2. Si el articulo se puede pagar en mensualidades de $40, ¿cuántas mensualidades se tendrán que pagar?

Datos **Operación** **Resultado**

¿De cuánto será la última mensualidad?

Datos **Operación** **Resultado**

3. Si Pedro quiere adquirir el producto y gana $25 pesos diarios y lo puede guardar todo, ¿cuántos días tendrá que trabajar para comprarlo?

Datos **Operación** **Resultado**

EL PLANO

(COORDENADAS Y EL PLANO CARTESIANO)

En muchos casos es necesario saber con precisión en qué lugar se encuentra cierto objeto, calle de la ciudad o país. Para la localización se utiliza el método del plano cartesiano.

El plano consta de dos líneas graduadas que son perpendiculares. La línea o eje horizontal se llama "X", y el eje vertical se denomina "Y".

Puedes observar que todos los números están a la misma distancia. Se dice que la partición debe ser constante y la misma en los dos ejes, pues, de no ser así, las figuras trazadas sufrirán deformaciones

Para determinar la posición de un punto en un plano, se toma el valor que le corresponde en el eje horizontal; luego se coloca dentro de un paréntesis seguido de una coma, y después de la coma se coloca la localización del eje vertical.

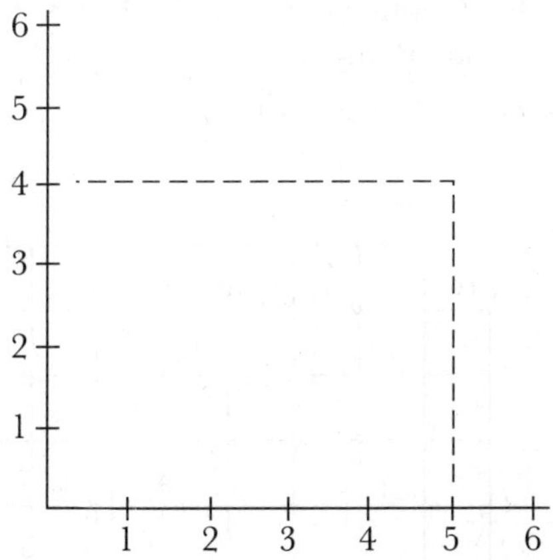

Observa que el punto A tiene coordenada 4 en el eje horizontal y coordenada 5 en el eje vertical.

Este método es muy usado en todo lo que requiera ubicación. Los mapas que utilizas para geografía también tienen coordenadas de un plano de localización.

A continuación te damos coordenadas horizontales y verticales para que coloques estos datos entre paréntesis de coordenadas.

Coordenada horizontal 3, coordenada. vertical 7... (3, 7), coordenada del plano Punto A.

Sigue el ejemplo anterior y resuelve.

Coordenada horizontal 4, coordenada vertical 7... (,), coordenada del plano Punto A.

Coordenada horizontal 3, coordenada vertical 5... (,), coordenada del plano Punto B.

Coordenada horizontal 3, coordenada vertical 2... (,), coordenada del plano Punto C.

Coordenada horizontal 5, coordenada vertical 2... (,), coordenada del plano Punto D.

Coordenada horizontal 5, coordenada vertical 5... (,), coordenada del plano Punto E.

Coordenada horizontal 4, coordenada vertical 3... (,), coordenada del plano Punto F

Coloca los puntos coordenados en la gráfica, únelos y ve la figura que obtienes.

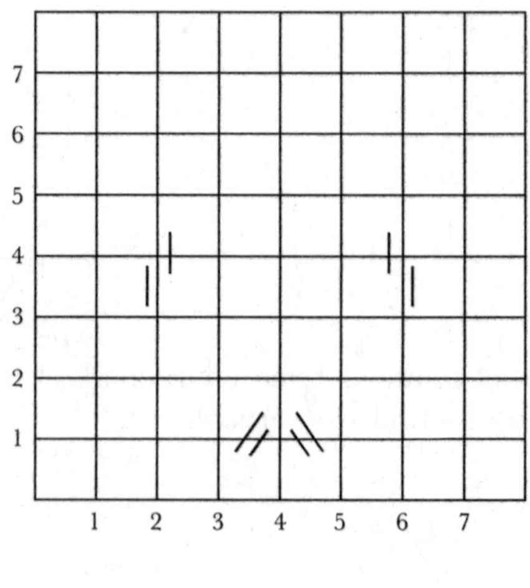

Ahora observa los puntos que aparecen y dinos su coordenada.

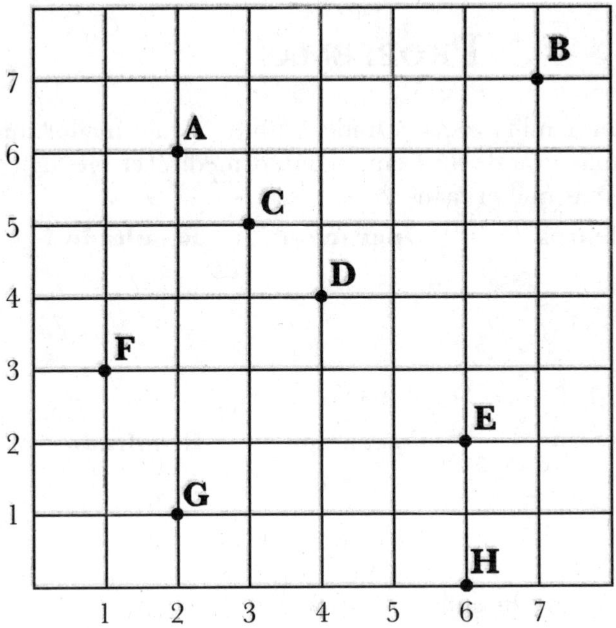

A (,)
B (,)
C (,)
D (,)
E (,)
F (,)
G (,)
H (,)

Unidad 5

Problemas

1. Si en una familia el papá mide 1.80 m, el hijo menor mide 57 cm y el más grande 130 cm, ¿cuánto medirá el mediano si mide 16 cm más que el menor?

Datos **Operación** **Resultado**

¿Cuántos cm es más alto el más grande que el menor?

Datos **Operación** **Resultado**

¿Cuántos cm miden entre el menor y el mediano?

Datos **Operación** **Resultado**

2. Si tengo $350 para comprar en el mercado y gasto primero $45, después $130 y finalmente $80, ¿cuánto gasté? ¿Cuánto me quedó?

Datos **Operación** **Resultado**

Los cuadriláteros

Los cuadriláteros son polígonos de cuatro lados y con dos diagonales.

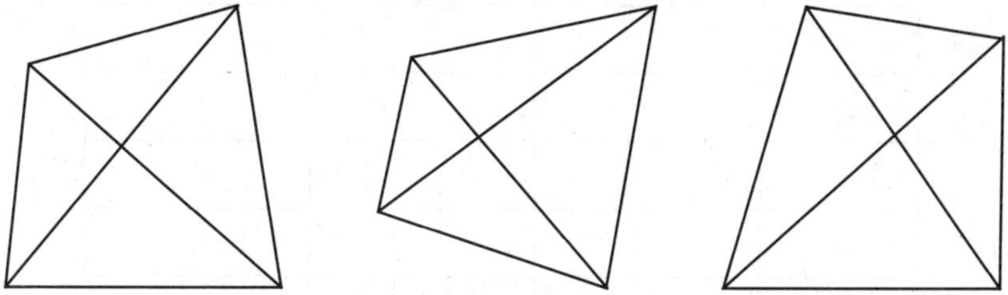

CUADRILÁTEROS CON DOS DIAGONALES

Se clasifican como:

a) Paralelogramos que tienen los 2 pares de lados opuestos iguales y paralelos.

PARALELOGRAMOS

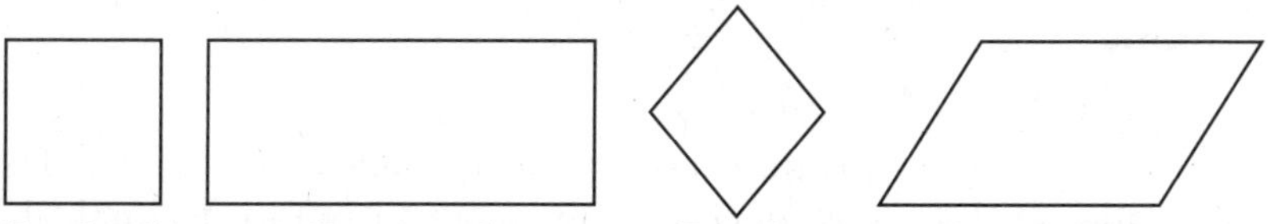

Cuadrado **Rectángulo** **Rombo** **Romboide**

b) Cuadriláteros que no son paralelogramos.

Trapecio **Trapecio rectángular**

Con los datos anteriores completa el cuadro.

Figura	Sus lados son iguales	Tiene ángulos rectos	Ejes de simetría
Cuadrado	Sí	Sí	4
Rombo			
Rectángulo			
Romboide			
Trapecio			
Trapecio rectángulo			

Operaciones

Las operaciones con punto decimal se llevan a cabo en las mismas condiciones que cuando no tienen.

Suma

123.54 + 34.24 + 15.12

En esta suma lo primero que tienes que hacer es colocar las cantidades en forma vertical alineando por el punto decimal, de modo que quede uno debajo de otro.

```
   1 1
  123.54
+  34.24
   15.12
  ------
  172.90
```

Se realiza la suma en la forma acostumbrada y se baja el punto decimal.

```
 11
  113
 1̸2̸3.54
-  34.24
  ------
   89.30
```

En la resta se sigue el mismo alineamiento que en la suma.

Se resta en la forma acostumbrada y se coloca el punto decimal debajo de los otros 2.

Multiplicación

```
    1
  9.3
 x 13
-----
  279
+ 933
-----
120.9
    1
```

Primero se lleva a cabo la multiplicación como si no existiera punto decimal. Al final de la operación se determina, a través de la observación, cuántos números se encuentran a la derecha del punto decimal, que será el mismo número de lugares que se tomarán de derecha a izquierda en el producto total.

División

Las partes de la división son:

```
Radical ↘  .52   Cociente o resultado
Divisor 17|8.94  Dividendo
           044
            10   Residuo
```

Observa que el punto decimal simplemente se sube al cociente en el mismo lugar que aparece en el dividendo.

```
     2.5
5 | 12.5
     2 5
       0
```

Problemas

1. Como parte del material escolar, la maestra le pidió el siguiente a cada niño:

4 pliegos de cartulina.
3 paquetes de 200 hojas tamaño carta.
1 caja de 12 lápices de colores.

Si en el grupo son 29 alumnos.
¿Cuántas cartulinas se juntaron? ____________________
¿Cuántas hojas se reunieron? ____________________
¿Cuántos lápices de colores se reunieron? ____________

2. En la tienda de la esquina, don Fernando vende tres latas de mermelada de diferentes gramos.

La de 1 300 gramos cuesta $15.30.
La de 740 gramos cuesta $8.95.
La de 370 gramos cuesta $5.20.
¿Cuánto se pagará si se compran los tres frascos?
Si se paga con un billete de $50, ¿cuánto se recibe de cambio?

Uso de los decimales

Los números decimales se usan en muchas cosas, pero sobre todo en los pesos.

Veamos cómo se usan.

En la propaganda de una casa de autoservicio se ve lo siguiente:

Jitomates	$ 5.50 el kilo	Guayabas	$ 6.50 el kilo
Cebolla	$ 2.45 el kilo	Plátanos	$ 2.00 el kilo
Manzanas	$ 3.45 el kilo		

Anota el precio de los artículos con letra. Recuerda que los centavos aparecen en la segunda posición después del punto decimal.

Jitomate: Cinco pesos con cincuenta centavos

Cebollas: ____________________

Manzanas: ____________________

Guayabas: ____________________

Plátanos: ____________________

Si compro 2 kilos de manzanas y uno de guayabas, ¿cuánto pago? ____________________

¿Por cuánto es más caro el jitomate que la cebolla? __________

¿Cuánto costará comprar 1 kilo de cada cosa? __________

Combinaciones

Las combinaciones son las diferentes maneras como podemos relacionar los elementos de un conjunto con otro.

Por ejemplo, si un restaurante tiene para la comida sopa de pasta y sopa de lentejas, de guisado pollo en jitomate, carne de puerco en salsa verde y huevos estrellados, ¿de cuántas maneras

diferentes puedes combinar las sopas con los guisados, sabiendo que sólo puedes tomar un sopa y un guisado para comer? Al siguiente diagrama se le llama diagrama de árbol.

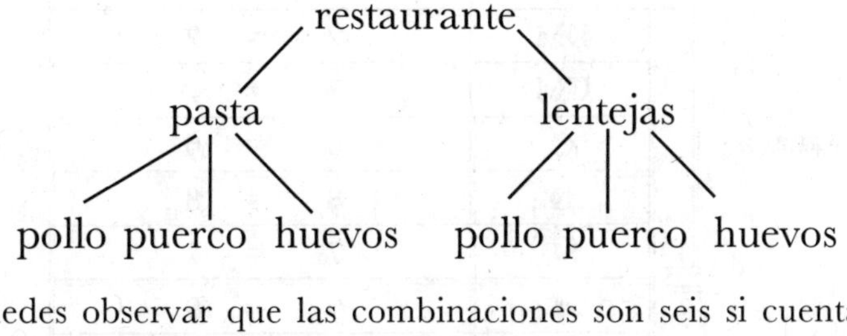

Puedes observar que las combinaciones son seis si cuentas los elementos de la última línea. También se puede encontrar el resultado multiplicando los elementos de un conjunto con los del otro.

Si cuentas con 3 pantalones: uno azul, otro verde y uno más café, y con 4 camisas: una blanca, otra rayada, una más de bolitas y la última roja, ¿cuántas combinaciones puedes hacer con estos conjuntos?

Usa el diagrama de árbol.

A una fiesta asisten Margarita, Juana, Isabel y Josefina; también van Iván, José, Javier y Fernando.

¿Cuántas combinaciones de parejas para bailar se pueden hacer?

El orden

(En los números decimales)

El orden en los números decimales depende primero de los enteros y después de los decimales.

Para comparar conjuntos de números decimales se procede igual que en los conjuntos de números enteros, es decir, se comparan unidades con unidades, decenas con decenas, etc. En la parte decimal hay que comparar décimos con décimos, centésimas con centésimas, y así sucesivamente, hasta detectar en qué orden se tiene una cifra mayor que en el otro conjunto.

Ejemplo:

		27 687.934		27 678.943
Enteros	DM	2	=	2
	UM	7	=	7
	C	6	=	6
	D	8	=	8
	U	7	=	7
Decimales	d	9	=	9
	c	3	<	4
	m	4	<	3

Observa las primeras seis cifras. Son iguales. En la séptima, que corresponde a los centésimos, vemos que es más grande la del segundo número. Por lo que se puede afirmar que:

27 687.934 < 27 687.943

Esto también se puede hacer comparando los números visualmente.

Compara los siguientes números visualmente y determina cuál es mayor y cuál menor. Usa los símbolos correspondientes.

76 446.85	76 546.85	90 023.04	90 022.04
5 001.01	5 001.10	154 876.678	145 876.678
37 123.123	37 231.231	934	934

TRIÁNGULOS

Los triángulos son polígonos de tres lados y se clasifican de dos maneras diferentes:

a) Por la medida de sus lados.

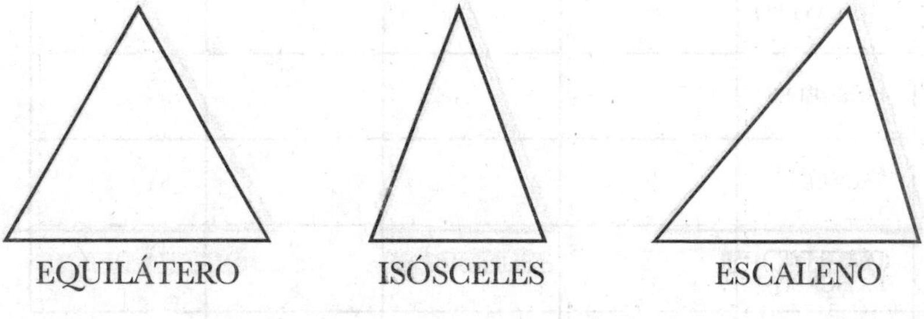

EQUILÁTERO ISÓSCELES ESCALENO

El triángulo equilátero tiene sus 3 lados iguales, 3 ejes de simetría y sus 3 ángulos son iguales.

El triángulo isósceles tiene 2 lados iguales, 1 eje de simetría y 2 de sus ángulos son iguales.

El triángulo escaleno no tiene lados iguales, no tiene ejes de simetría y ninguno de sus ángulos son iguales.

b) Por sus ángulos.

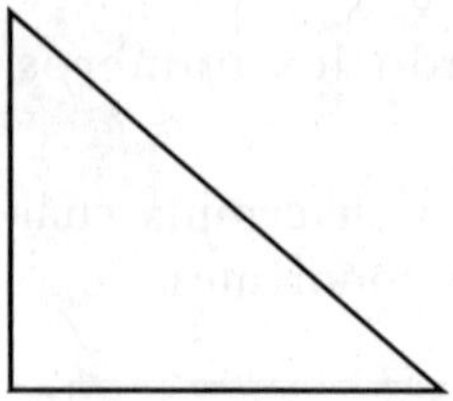

RECTÁNGULO
(Un ángulo recto y dos agudos)

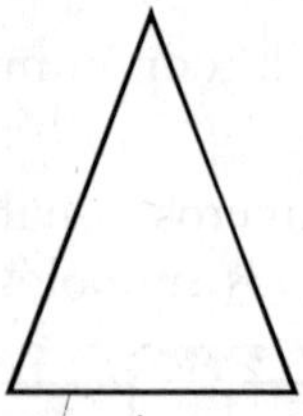

ACUTÁNGULO
(Tres ángulos agudos)

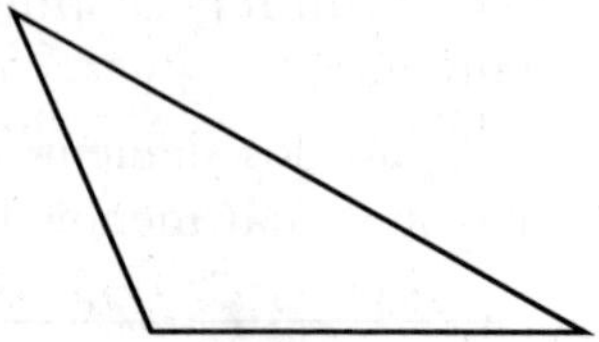

OBTUSÁNGULO
(Un ángulo obtuso y dos agudos)

Recuerda: el ángulo recto mide 90°, el agudo menos de 90° y el obtuso más de 90° y menos de 180°.

El triángulo rectángulo es el que tiene un ángulo de 90°.

El triángulo acutángulo tiene sus 3 ángulos agudos.

El triángulo obtusángulo tiene un ángulo obtuso.

Llena el siguiente cuadro.

TRIÁNGULO	LADOS	ÁNGULOS IGUALES	ÁNGULOS RECTOS	EJES DE SIMETRÍA
EQUILÁTERO				
ISÓSCELES				
ESCALENO				
RECTO E ISÓSCELES				
RECTO Y ESCALENO				

Recuerda que el área de cualquier triángulo se calcula multiplicando la base por la altura y dividiendo el resultado entre 2.

El perímetro se calcula sumando la medida de sus lados. Dibuja los siguientes triángulos y calcula su área.

1. Un triángulo rectángulo que mide de base 4 cm y de altura 5 cm.
2. Un triángulo equilátero que mide de base 6 cm y de altura 4.5 cm.

Razón y proporciones

Se llama razón a cualquier cociente representado en forma de fracción, que indica cuántas veces una cantidad es mayor que otra.

$$\frac{28}{7} = 4$$

La razón de 28 y 7 es 4. Quiere decir que el 28 es 4 veces mayor que el 7.

Ilamamos proporción a la igualdad de dos razones que obligatoriamente tienen que ser equivalentes.

$$\frac{3}{5} = \frac{6}{10} \text{ Es una proporción}$$

Pon el número que falta para que las siguientes igualdades sean proporciones.

$\frac{2}{5} = \frac{4}{\_\_}$ $\frac{2}{\_\_} = \frac{4}{4}$

$\frac{7}{3} = \frac{\_\_}{14}$ $\frac{3}{4} = \frac{\_\_}{8}$

$\frac{\_\_}{4} = \frac{3}{12}$ $\frac{6}{2} = \frac{\_\_}{12}$

Para preparar una porción de ensalada se requieren los siguientes ingredientes. Completa la tabla para 2, 3, 4, 5 o 6 porciones, conservando la proporción.

	Proporción				
1	**2**	**3**	**4**	**5**	**6**
$\frac{1}{2}$ **Kilogramo de jitomate**					
$\frac{1}{4}$ **Kilogramo de cebolla**					
$\frac{1}{2}$ **Kilogramo de queso**					
$\frac{1}{4}$ **de taza de jugo de limón**					

SUMAS Y RESTAS CON DECIMALES

Recuerda que los números decimales se escriben por posición a la derecha del punto decimal, y el lugar que ocupan nos indica su nombre. Observa el número 2 345 . 678:

ENTEROS					DECIMALES		
U. DE MILLAR	CENTENAS	DECENAS	UNIDADES		DÉCIMOS	CENTÉSIMOS	MILÉSIMOS
2	**3**	**4**	**5**	**.**	**6**	**7**	**8**

Hagamos operaciones.

$$\begin{array}{r} 69 \\ +\ 155 \\ \hline \end{array} \qquad \begin{array}{r} 1.33 \\ +\ 2.7 \\ \hline \end{array} \qquad \begin{array}{r} 5.96 \\ +3.86 \\ 8.06 \\ \hline \end{array} \qquad \begin{array}{r} 31.11 \\ -\ 26.66 \\ \hline \end{array} \qquad \begin{array}{r} 4.2 \\ -\ 4.86 \\ \hline \end{array} \qquad \begin{array}{r} 3.36 \\ +25.64 \\ 1.38 \\ \hline \end{array}$$

$$\begin{array}{r} 1.4 \\ +\ 9.38 \\ 3.19 \\ \hline \end{array} \qquad \begin{array}{r} 9.18 \\ +\ 4.16 \\ 6.5 \\ \hline \end{array} \qquad \begin{array}{r} 23.76 \\ -\ 7.35 \\ \hline \end{array} \qquad \frac{8}{10} - \frac{4}{10} = \qquad \frac{5}{10} + \frac{6}{10} =$$

Salomón compró los siguientes productos: $10.70 de dulces, $15.85 de caramelos y $12.50 de chocolates. Si pagó con $50.00, ¿cuánto pagó y cuánto le sobró?

FIGURAS GEOMÉTRICAS

Los cuerpos geométricos son sólidos limitados por caras, vértices y aristas, y tienen volumen, es decir, 3 dimensiones: largo, ancho y altura.

El volumen es la medida del espacio que ocupa un cuerpo y se puede medir en (m^3).

Las cuerpos geométricos los podemos clasificar en:

a) **Prismas:** Cuerpos con dos bases que pueden ser polígonos o cuadriláteros y caras rectangulares. Ejemplos:

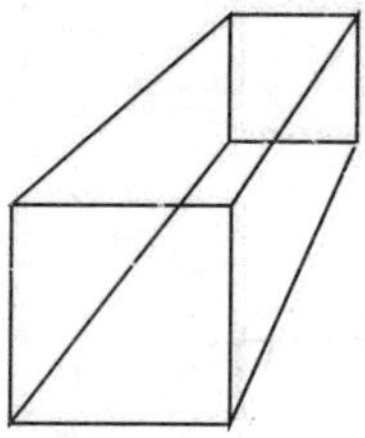

Prisma rectangular

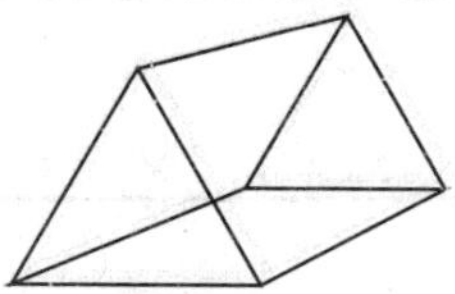

Prisma triangular

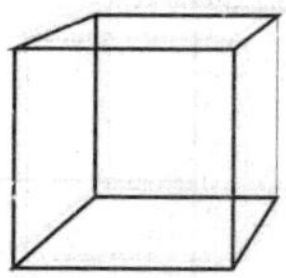

El cubo es un paralelepípedo, sin embargo, cumple con la condición de prisma

b) **Pirámides:** Cuerpos con una base y lados triangulares que se juntan en un sólo vértice.

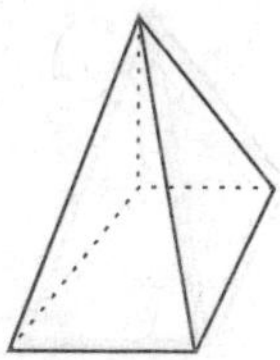

Pirámide rectangular

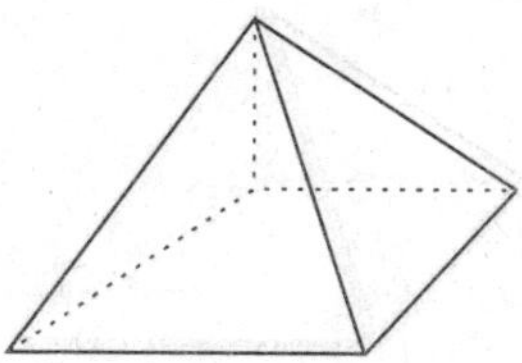

Pirámide cuadrangular

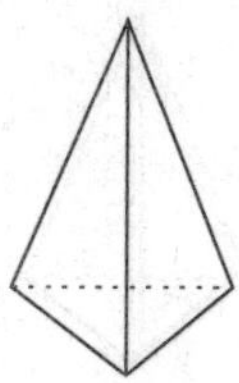

Pirámide triangular

c) **Cuerpos con superficies curvas,** como el cono, el cilindro y la esfera.

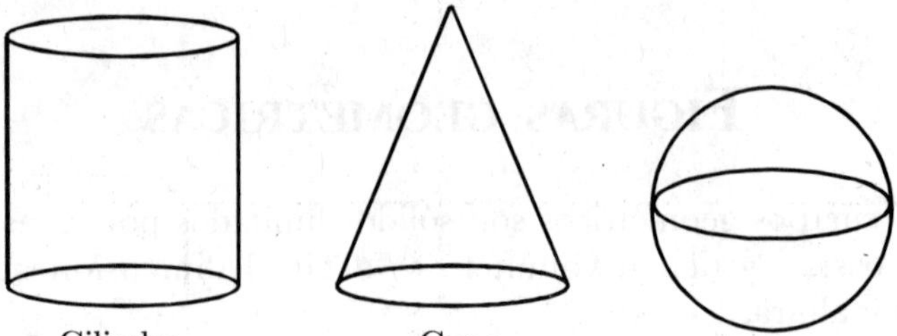

Cilindro Cono Esfera

Copia en una cartulina los cuerpos geométricos, recórtalos y une las pestañas. Juega con ellos.

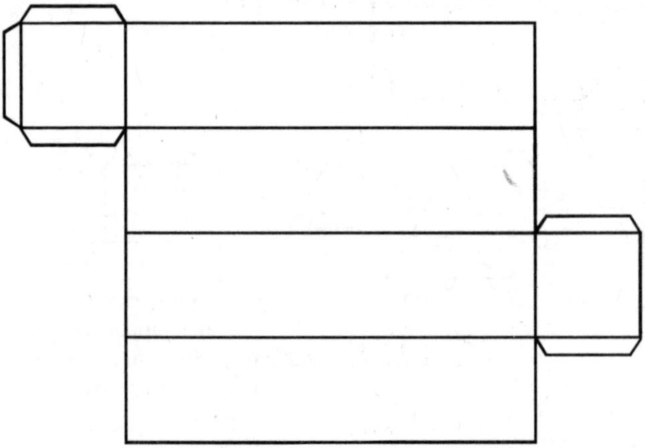

Prisma cuadrangular

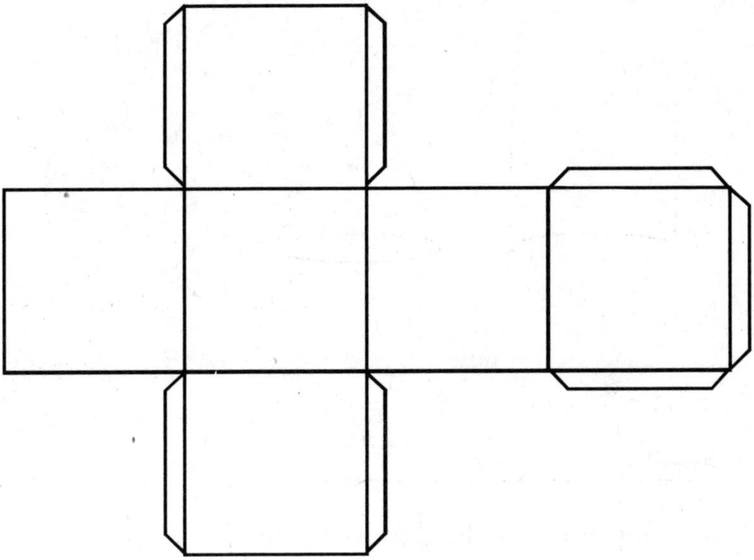

Cubo

Repasemos

En un teatro caben 200 personas. La entrada para los adultos es de $20.00 y para los niños de $8.00. Si en la sala entraron 97 niños, ¿cuánto dinero entró en la taquilla?

Datos **Operación** **Resultado**

Dibuja un triángulo, un cuadrilátero y una pirámide cuadrangular.

Pon el número que falta para completar las proporciones siguientes.

$$\frac{2}{\quad} = \frac{4}{8} \qquad \frac{2}{\quad} = \frac{4}{6}$$

$$\frac{7}{3} = \frac{\quad}{14} \qquad \frac{3}{4} = \frac{6}{\quad}$$

$$\frac{1}{\quad} = \frac{4}{12} \qquad \frac{2}{6} = \frac{\quad}{12}$$

Índice

Unidad 5

Esta obra se terminò de imprimir en enero 2012
En los talleres de Editores Impresores Fernàndez SA de CV
Retorno 7 de sur 20 num 23 Col Agricola Otal C.P. 08500